文
化
普
华

PUHUA BOOKS

我
们
一
起
解
决
问
题

直播卖货口才训练系列

服装直播卖货
超级口才训练

邓琼芳　著

人民邮电出版社

北　京

图书在版编目（CIP）数据

服装直播卖货超级口才训练 / 邓琼芳著. -- 北京：
人民邮电出版社，2020.7（2024.5重印）
（直播卖货口才训练系列）
ISBN 978-7-115-54214-4

Ⅰ. ①服… Ⅱ. ①邓… Ⅲ. ①服装—网络营销—口才
学 Ⅳ. ①F768.3②H019

中国版本图书馆CIP数据核字(2020)第099143号

内 容 提 要

　　直播卖货是一种新兴的销售方式，目前受到了诸多品牌商和制造商的青睐。服装是广大主播接触最多的品类之一，销售服装的主播必须具备出色的口才，才能做好自己的工作。

　　本书以常见的几十个场景为线索，介绍了主播在直播间销售服装的过程中可能遇到的问题，对粉丝的相关行为和心理进行了深入分析，阐述了主播需要掌握的沟通技巧，并给出了非常实用的话术范例。书中内容可以帮助服装主播增强沟通能力，顺利促成交易，持续提升业绩。

　　本书适合销售服装的主播阅读，也可以作为服装专卖店等零售终端的销售人员和销售管理者的参考读物。

◆　　　著　　邓琼芳
　　　责任编辑　陈　宏
　　　责任印制　彭志环

◆　人民邮电出版社出版发行　　北京市丰台区成寿寺路 11 号
　　邮编　100164　电子邮件　315@ptpress.com.cn
　　网址　https://www.ptpress.com.cn
　　涿州市殷润文化传播有限公司印刷

◆　开本：700×1000　1/16
　　印张：13.5　　　　　　　　2020 年 7 月第 1 版
　　字数：180 千字　　　　　　2024 年 5 月河北第 20 次印刷

定价：59.00 元
读者服务热线：(010)81055656　印装质量热线：(010)81055316
反盗版热线：(010)81055315
广告经营许可证：京东市监广登字 20170147 号

前言
PREFACE

在"互联网+"时代，服装销售迎来了直播这个新风口。直播的互动性、直观性、娱乐性在服装品类直播中体现得很鲜明，让成千上万的粉丝对服装直播产生了极大的兴趣，主播的试穿、展示、讲解能够将服装的上身效果更好地呈现在粉丝面前。"服装+直播"的新玩法获得了无数年轻人的追捧，也为服装类主播带来了可观的流量红利。

不过，获取大流量、成为卖货达人并不是一件容易的事情。出色的口才是非常重要的，它也是吸引庞大粉丝群体、获取高下单量的基础。可以说，主播口才好不好往往决定了直播间是否火爆、卖货能力是否强大。

新人主播不仅要善于展现自己，还要掌握与粉丝沟通互动的技巧，如此才能迅速拉近自己与粉丝之间的距离，让直播间迅速热闹起来，从而吸引粉丝继续看下去；主播要掌握丰富的产品展示和介绍技巧，准确地突出产品的特色、优势，如此才能给粉丝留下良好的第一印象；主播要了解和掌握粉丝的心理，把话说到粉丝的心坎上，提升粉丝的信任度和满意度，从而刺激其购买；主播还要善于捕捉成交信号，学会巧妙促单。

服装直播卖货并不仅是卖衣服这么简单，主播还要学会处理粉丝疑虑、异议、差评的方法和技巧。只有积极地与粉丝进行沟通，巧妙地化解粉丝心中的不快，才能提高粉丝的黏性和忠诚度，进而大大提升主播的形象和信誉。

以上几个方面正是本书的主要内容，全书从主播互动、宝贝展示、扩大卖点、激发欲望、消除疑虑、刺激促单、售后维护、避免雷区等多个方面来介绍主播如何与粉丝沟通互动，如何获得更好的业绩。

本书采用"案例回放+解析+实战演练+技巧点拨"的形式，对各种常见的情景、问题进行了详细的解析，并给出了实用的话术范例及相关技巧，目的就是帮助主播真正掌握服装直播卖货技巧、训练口才、提高卖货能力。

需要提醒的是，书中提供的话术范例和技巧，有的可以直接运用于直播现场，有的需要根据实际情况变通使用，切不可生搬硬套。

目录
CONTENTS

第一章　新人主播如何做到不冷场、不"尬播"⋯ 1

第一节　积极互动，和每个进入直播间的粉丝打招呼⋯⋯⋯⋯ 2

01　"××宝宝进来了，和大家打个招呼吧！"⋯⋯⋯⋯⋯⋯⋯ 2

02　发个小福利，快速活跃气氛⋯⋯⋯⋯⋯⋯⋯⋯⋯⋯⋯⋯⋯ 5

第二节　讲一个段子、表演一个才艺，把人气拉高⋯⋯⋯⋯⋯ 9

03　幽默的段子最容易活跃气氛⋯⋯⋯⋯⋯⋯⋯⋯⋯⋯⋯⋯⋯ 9

04　秀个才艺，让自己的魅力值爆棚⋯⋯⋯⋯⋯⋯⋯⋯⋯⋯⋯ 12

第三节　不要只顾自己说，要与粉丝互动⋯⋯⋯⋯⋯⋯⋯⋯⋯ 16

05　"主播怎么不理人，不回答我的问题？"⋯⋯⋯⋯⋯⋯⋯⋯ 16

06　提出问题，让粉丝参与进来⋯⋯⋯⋯⋯⋯⋯⋯⋯⋯⋯⋯⋯ 18

第二章　展示宝贝，引起粉丝的购买兴趣⋯⋯⋯⋯ 23

第一节　用最短的时间充分讲解产品⋯⋯⋯⋯⋯⋯⋯⋯⋯⋯⋯ 24

07　"这款衣服的材质、面料⋯⋯"⋯⋯⋯⋯⋯⋯⋯⋯⋯⋯⋯⋯ 24

08　"这是2020年夏季流行款式⋯⋯"⋯⋯⋯⋯⋯⋯⋯⋯⋯⋯⋯ 27

第二节 展示穿着效果，让效果看得见 ············· **31**

09 突出细节，把绣花放在镜头前 ·················31

10 更多地强调功能利益点而非感性利益点 ·········34

第三节 在塑造足够的价值前，不急于说价格 ········· **37**

11 善用对比，突出服装的价值 ·················37

12 多强调优点，但缺点也要说一说 ·············40

第三章 放大卖点，拨动粉丝的心弦 ·············**45**

第一节 说明卖点，让粉丝欲罢不能 ·············· **46**

13 性价比高——大家都关注它 ·················46

14 好搭配——"这件大衣很百搭！" ·············49

15 好洗涤——洗护方便很重要 ·················52

第二节 灵活地渲染品牌信息 ·············· **55**

16 了解粉丝的喜好，有针对性地推介品牌 ·········55

17 讲一个有趣的品牌小故事 ·················58

第三节 FAB话术让你说出的卖点更有吸引力 ········· **62**

18 FAB话术——突出特点、优势和利益 ·········62

19 不同的粉丝有不同的利益关注点 ·············64

第四章 激发购买欲望——"宝宝们，买它！" ···**69**

第一节 利用示范效应给粉丝提供一个好案例 ········· **70**

20 明星效应——"这件宝贝明星×××都在穿！" ·········70

21 从众效应——"这是今年的爆款，主播已经留下一件！" ……………73

第二节　渲染痛点，不断强化失去它的痛苦 ……………… 77

22 限时——全网超低价，仅限今天直播时间 ……………77

23 限量——抓住粉丝"怕买不到"的心理 ………………80

24 仅限本场——"宝宝们，只有本场直播才享受这个超低价！" ……… 83

第三节　制造惊喜并让粉丝感到惊喜 ……………… 86

25 促销信息一定要重复三遍 ………………86

26 转折式连续惊喜——低价、打折、送赠品 ………………89

27 让粉丝感觉到优惠是自己独享的 ………………92

第四节　利用粉丝的固有认知说服他们 ……………… 95

28 "羽绒服越早买越便宜，越往后越贵！" ………………95

29 巧妙应对"便宜没好货，特价没好货" ………………97

30 用小数点、非整数营造价格便宜的感觉 ………………100

第五章　消除疑虑，给粉丝购买的理由…………103

第一节　不否定、不抬杠，巧妙化解粉丝对款式的异议……104

31 "这样的款式有些过时了，我不太喜欢！" ………………104

32 "这款衣服不太适合我！" ………………107

33 "感觉衣服太花哨！" ………………110

第二节　对质量做出承诺，让粉丝看到你对产品的信心……114

34 "这款打底裤，如果起球你可以来找我！" ………………114

35 "有任何质量问题，7天内可以退换！" ………………117

第三节　打消粉丝对色差的疑虑，成功促成下单………121

36 "如果出现色差大的问题，我可以免费为你退换！" …………………… 121

37 "由于显示效果、拍摄环境等因素，宝贝可能有些许色差……" ……… 123

第四节 打消粉丝对品牌和档次的质疑 …………………… 127

38 先肯定粉丝，再强调品牌和品质 ……………………………………… 127

39 "这款衣服看起来一点档次都没有！" ………………………………… 130

第六章 刺激促单，踢好临门一脚 …………… 133

第一节 直接促单，提出下单提议 …………………… 134

40 "如果没问题，宝宝们赶快下单吧！" ………………………………… 134

41 二选一，不给粉丝否定的机会 ………………………………………… 137

42 紧逼一下，不让粉丝再犹豫 …………………………………………… 140

第二节 鼓励式促单，满足粉丝的虚荣心 …………………… 144

43 "穿上这件衣服，你男朋友肯定觉得好看！" ………………………… 144

44 "穿上它，朋友肯定羡慕你的身材！" ………………………………… 146

第三节 建议式促单，帮粉丝做决定 …………………… 150

45 "白色是百搭色，我建议宝宝拍白色款！" …………………………… 150

46 "你觉得这个款式怎样？做工、面料都非常不错！" ………………… 153

第七章 售后服务，提高粉丝忠诚度的利器 … 157

第一节 及时回应差评，制造"围观热点" …………………… 158

47 "衣服有问题，你们忽悠人！" ………………………………………… 158

48 衣服质量差，粉丝给出差评时这样处理 ……………………………… 161

49 "刚下单没几天就降价，主播骗人！" ················ 164

第二节　发货有问题，亲自来处理 ················ **167**

50 发货不及时，积极道歉和解释 ················ 167

51 发错货，及时核对信息 ················ 170

第三节　粉丝无正当理由退货，巧妙化解难题 ················ **173**

52 产品无任何问题，但粉丝坚持要求退货 ················ 173

53 粉丝吹毛求疵，多次要求换货 ················ 176

第八章　直播雷区，千万不要踩到 ················ **181**

第一节　频繁催促下单，粉丝："你只想卖货给我！" ······· **182**

54 过度的热情会吓跑粉丝 ················ 182

55 "一再催促下单，你只想卖货给我！" ················ 184

第二节　在粉丝面前公开"踩"其他主播 ················ **188**

56 "×××的数据都是假的！他的人气没我高！" ················ 188

57 "其他直播间的假货非常多，我们这里都是正品！" ················ 191

第三节　在直播间公开抱怨粉丝不下单 ················ **194**

58 "有个别粉丝只抢红包不下单！" ················ 194

59 "主播高高在上，看不起小粉丝！" ················ 196

第四节　手法单一，无法给粉丝新鲜感 ················ **199**

60 总是用一个开场白，没有新鲜话题 ················ 199

61 话术单一，总是重复那几句话 ················ 201

第一章

新人主播如何做到
不冷场、不"尬播"

互动、暖场、吸引粉丝持续看下去是新人主播必须掌握的技能。与粉丝互动时，主播应该努力做到热情、主动，并尽量展现自己的才艺，但是千万不能自说自话、"自嗨"。

第一节 积极互动，和每个进入直播间的粉丝打招呼

01 "XX宝宝进来了，和大家打个招呼吧！"

很多新手主播最大的问题就是不敢和粉丝互动、不善于和粉丝互动，导致直播间冷场。冷场是直播的大忌，试问粉丝进入直播间后，发现直播间里面很冷清、气氛很尴尬，又怎么愿意继续看下去呢？粉丝没有看下去的欲望，产品推介、销售又从何谈起？

因此，新手主播要学会主动与粉丝互动，尽量做到在每个粉丝进入直播间时积极主动地打招呼。这个举动虽然看似微不足道，但可以吸引粉丝的注意，给粉丝留下良好的第一印象。另外，主播还可以直接点名，让新入场的粉丝和其他人打招呼，增强其参与感，使直播间热闹起来。

案例回放

直播刚开始，新人主播进行自我介绍之后，可以和新入场的粉丝一一打招呼。

主播："×× 宝宝进来了，欢迎欢迎！喜欢主播可以点关注哦！"

主播："我看到一个熟悉的名字 ×××。××× 是我们的老朋友了，好久不见了！"

主播："欢迎 ××× 宝宝，早上好！多谢你对主播的支持！"

解 析

对主播来说，互动是用户运营中最重要的内容之一。吸引新粉丝，增强老粉丝的黏性，进而提升粉丝的活跃度，其关键就在于良好的互动（见图1-1）。

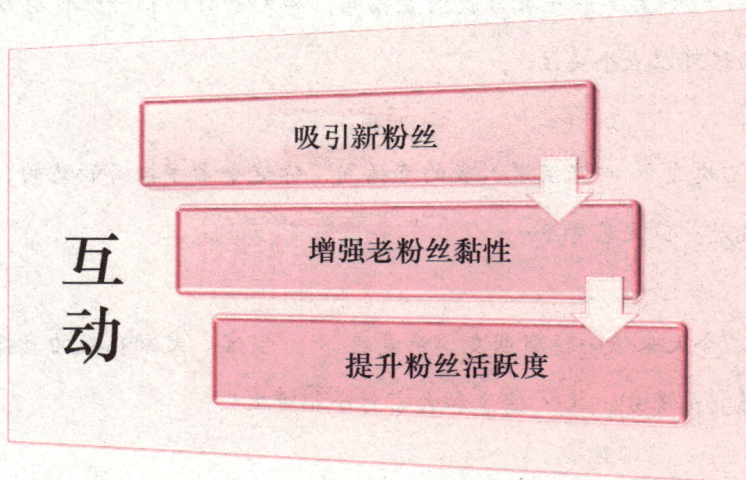

图1-1 互动在用户运营中发挥的重要作用

互动是增进主播与粉丝感情的重要方式。通常来说，新粉丝不会主动与主播互动，只会安静地观看直播。这个时候，主播应该主动对新粉丝表示欢迎，和老粉丝寒暄一番。主播和粉丝形成良好的互动关系，增进彼此之间的感情，粉丝才更愿意关注主播。

当然，主动与粉丝打招呼只是互动的第一个环节。

实战演练

粉丝进入直播间时，主播应该热情、有新意地与之打招呼。

话术1

"××宝宝进来了，欢迎欢迎！每次主播都能看到你的身影，真是太感动了！感谢你对主播的喜爱和支持……"

话术2

"××宝宝第一次来我们直播间，和大家打个招呼吧！喜欢主播的话可以点个关注……"

话术3

"欢迎××宝宝进入我的直播间，你这个名字挺有新意的，一看就是一位文艺青年……"

话术4

"今天来了一位新朋友，亲爱的××宝宝。大家在我的直播间相遇就是缘分，××宝宝和大家打个招呼吧！"

👆 技巧点拨

技巧1：表情丰富，语气热情

每一位主播的风格都不一样，有的可爱、有的率真、有的性感……但不管风格如何，主播都要学会主动与每一位粉丝打招呼。打招呼时，主播要尽量做到表情丰富、语气热情，如此才能赢得粉丝的喜爱，带动直播间的气氛。像机器人一样冷冰冰的主播无法让人产生共鸣，更无法获得粉丝的好感。

技巧2：多提粉丝的名字，让其产生被重视感

每个人都觉得自己很重要，都想得到别人的重视和青睐。当我们

的名字被他人尤其是陌生人提到时，就会产生强烈的被重视的感觉，并瞬间对对方产生好感。粉丝进入直播间时，主播主动提到粉丝的名字，即便只是昵称，对方也能获得存在感及被重视感，从而更愿意与主播互动。

技巧 3：尽量照顾到每一位粉丝

谁都希望被别人重视，希望自己喜欢的主播重视自己。因此，主播在与粉丝互动时，要尽可能照顾到直播间里的每一位粉丝，不能只和老粉丝互动而忽视新粉丝。

02　发个小福利，快速活跃气氛

互动可以让直播间热闹起来，也可以提升粉丝对主播的好感度。促进互动的方式主要有两种，一种是情感激励，另一种是利益激励。前文介绍的主动和粉丝打招呼、多提粉丝的名字等做法属于情感激励，而给粉丝发个小福利，包括红包、优惠券、抽奖等，则属于利益激励。

在开播之前，主播如果能给粉丝发个红包、优惠券，或者举行一个互动抽奖的小活动，就可以快速活跃直播间的气氛，提升人气（见图 1-2）。

图1-2　发个小福利，快速活跃气氛

案例回放

　　某服装主播总是提前10分钟进入直播间，在与粉丝互动、闲聊的同时他也会不时发一些红包、优惠券。

　　主播："今天来了好几位新朋友，分别是××、××和×××……欢迎大家来到我们直播间，为了表示对新人的欢迎，我给大家发个红包！大家行动要迅速哦！"

　　粉丝瞬间活跃起来，各种感谢的留言出现在屏幕上："谢谢主播！""欢迎新朋友！""主播真敞亮！"

　　直播间的气氛瞬间活跃起来，新粉丝的积极性也被调动起来了。

解　析

　　发红包、优惠券以及抽奖活动受到绝大部分直播观众的欢迎，因为抢到红包、优惠券或者抽到大奖能让人产生成就感，获得"拼手气"的乐趣。因此，新人主播如果担心直播间冷场，不妨多给粉丝发红包、优惠券等福利，或者举行抽奖活动。

当然，发福利的时机和方式也是有讲究的。最好在新粉丝进入直播间时发红包；尽量多发店铺的优惠券，帮助店铺引流；抽奖时必须说明奖品的款式、数量，以免造成误解。

实战演练

当主播想要利用发福利的方式活跃气氛时，可以使用下面的开场白。

话术1
"今天来了几位新朋友，××和××宝宝……欢迎大家观看直播。关注我的宝宝都可以得到一个红包哦！"
话术2
"今天是'三八女人节'，祝所有美丽的女人节日快乐！为了庆祝这一节日，我为大家准备了100份优惠券……"
话术3
"今天我们举行一个抽奖活动，我已经在下方发出了抽奖链接，只要点击链接就可以参加活动啦！我们为大家准备了丰富的奖品，接下来就看谁的手气更棒了……"

技巧点拨

技巧 1：发福利不是目的，目的是提高粉丝的活跃度

发红包、优惠券或者举行抽奖活动并不是我们的目的，我们的目的是促进直播间的互动，提高粉丝的活跃度和黏性。因此，千万不要认为把红包、优惠券发出去就万事大吉了，如果不能把话题做活、做好，那么这些福利就白发了。主播应该把相关话题抛出来，炒热气氛，让粉丝晒晒自己的红包、优惠券和奖品，让整个直播间产生良好的互动。

技巧 2：定时发红包，金额不需要太大

主播可以定时发红包，例如，在开播前五分钟发一个，在发产品链接前发一个。红包金额不需要太大，应该设置多个，尽量让更多的粉丝参与进来。在直播的过程中，主播可以设置发优惠券的环节，发一些热门款式服装的优惠券，以此调动粉丝的积极性。

技巧 3：给粉丝一定的选择权

主播可以把话题抛给粉丝，让他们决定到底发什么福利。主播可以说："又到给大家发福利的时间了，宝宝们想要红包还是优惠券？想要红包的，发个'××'，想要优惠券的，发个'××'，我看看哪边人多……"

03 幽默的段子最容易活跃气氛

如今的直播行业竞争非常激烈，不管是"大 V"、明星还是电商店铺、实体店铺，都想要在这一风口抢占一席之位。因此，每一位主播都应该学习一些吸引、留住粉丝的技巧，不仅要让粉丝愿意看自己的直播，还要让粉丝追着看自己的直播。

服装主播不仅要具备良好的外表、形象和性格，也要有一些幽默感（见图1-3）。现在看直播、在直播间买衣服的绝大多数都是年轻人，他们希望主播有一副好看的外表，也希望主播有一个有趣的灵魂。

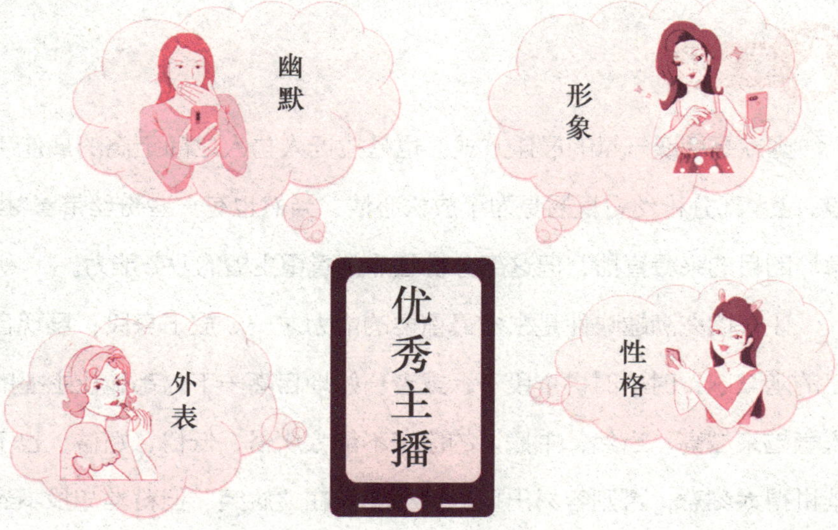

幽默

形象

外表

优秀主播

性格

图1-3 优秀主播应该具备的素质

在开播之前，主播要是能讲一个段子，再抛出热门话题，相信直播间会瞬间热闹起来。这不仅可以让直播间的气氛更活跃，还可以让主播的个人魅力"爆棚"。

案例回放

某电商店铺卖家进驻直播平台，想要为店铺带来更多的流量，提升服装销量。可是，因为刚接触直播行业，不懂得直播的互动技巧，主播只能简单地和粉丝打招呼："大家好！欢迎来到我的直播间！""宝宝们早上好！欢迎观看直播，喜欢主播的宝宝们可以加关注！""进来的宝宝们可以了解一下本场直播推荐的衣服……""这场直播给大家带来的衣服都非常不错……"结果，这位主播的直播间异常冷清，根本没几个人观看。

解 析

幽默是活跃气氛的最佳方式，也是拉近人与人之间距离的最佳手段。绝大部分粉丝看直播是为了放松心情，当然也有一些粉丝带着"拔草"的目的来看直播，但这部分粉丝非常看重主播的业务能力。

让直播充满趣味性是主播最重要的能力之一。放下身段，展现自己的幽默感，时不时讲个段子，或者巧妙地自嘲一下，都能让主播的人气越来越高。当然，主播讲的段子不能太庸俗、低俗、媚俗，也不能讲得太刻意，否则容易出现主播一个人在"尬笑"但粉丝却找不到笑点的场面。

实战演练

直播前，主播可以讲下面这些段子来活跃气氛。

话术1

"今天我给大家讲一个有趣的段子。某服装品牌设计了一款方格睡衣，每个方格都标有数字，从1到100。一位顾客好奇地问：'为什么这样设计？'推销员说：'这是我们的特殊设计，很方便实用。如果你背部很痒，就可以对妻子说'老婆，请帮我抓痒，位置就在15号方格'。"

话术2

"又到讲段子的时间了，大家准备好了吗？一位电工陪女朋友买羊毛衫，推销员热情地介绍：'这款羊毛衫非常好，不起静电。'只见电工淡定地拿出试电笔在毛衣上试一试，试电笔发出了'滴滴'的声音。售货员一脸黑线地说：'买个衣服竟然这么专业！'今天买这款毛衣的宝宝们也可以用试电笔测一测哦！不过，前提是你们得有一个做电工的男朋友！"

话术3

"今天这个段子是关于主播自己的，昨天我和工作人员到一家火锅店吃火锅，坐下快半个小时了服务员都没有上菜。我有些生气地说：'服务员，我们都等半天了，为什么还不上菜？'服务员无辜地说：'你们还没点菜啊！'原来，进店时我们几个人都在玩手机，竟然忘了点菜！宝宝们，大家有没有因为看手机而出糗的事情？说出来分享一下吧！"

技巧点拨

技巧 1：平时多积累有趣的段子

要想成为一名幽默的主播，平时就要多做功课，多积累一些段子。主播可以搜集一些网上流行的段子，也可以记录身边人发生的趣事，还可以讲一些自己的糗事。

技巧 2：讲段子时最好加上表情和动作

如果把讲段子变成背稿子，再好笑的段子也会变得无趣。主播讲段子的时候应该融入个人风格，加上表情和动作，甚至适当地夸张一下。放下身段，和粉丝一起笑，主播的魅力也会倍增。

技巧 3：不要老调重弹

年轻人都喜欢新鲜的东西，如果主播的段子没有新意、总是老调重弹，那么粉丝就会感到厌烦，甚至离开直播间，不再关注主播。因此，主播在平时要多做功课，多搜集新鲜的段子，不要总是讲别人讲了很多遍的段子，也不要反复讲之前已经讲过的段子。

04　秀个才艺，让自己的魅力值爆棚

互动的目的是活跃气氛，提高粉丝发言的积极性，延长他们停留在直播间的时间，让主播有机会推荐服装。很多时候，在直播间秀个才艺，引发趣味互动，也是活跃气氛、留住粉丝的有效方式（见图 1-4）。

图1-4　秀个才艺，留住粉丝

有些主播多才多艺，但在一场直播中不必展示所有才艺，展示其中一种就可以了，例如，跳一段舞蹈，唱一首歌，弹一首曲子等。

案例回放

某新人主播："欢迎大家来到我的直播间，各位新朋友、老朋友下午好！"（暖场互动，和新老粉丝打招呼，活跃气氛。）

主播："现在我为大家表演一个才艺，新来的粉丝可能不知道，我唱歌还是挺不错的……"（花5~10分钟表演才艺，以展示自己、活跃气氛；也可以播放当前流行的或者具有个人特色的背景音乐。）

解　析

才艺展示看似随意，但必须经过策划和设计，要能展现主播最完美的一面。也就是说，主播若不精通、不擅长某项才艺，最好不要展示该项才艺，否则很可能适得其反。例如，某主播向粉丝展示舞蹈才艺，但舞姿并不优美，甚至肢体有些不协调，其粉丝可能会产生较大的心理落差，不愿意继续看直播。

另外，主播应该把握好才艺展示的节奏，时间不能太长，否则会挤占与粉丝互动的时间，甚至错过真正的主题——服装推介。不过，如果有大量粉丝要求继续表演，主播也可以适当地延长表演时间。

实战演练

在表演才艺时，主播应该注意随时与粉丝交流，千万不能陷入自我陶醉。

话术1

为了增加互动性，主播可以主动询问粉丝想看什么才艺。

"我们可以增加点歌环节，宝宝们想听什么歌？"

"××宝宝是新加入的粉丝，今天给你一个福利，可以点歌哦！"

话术2

才艺展示结束后，主播必须积极地与粉丝互动。例如，主播要号召新粉丝加关注；欢迎刚入场的粉丝，和粉丝打招呼；回答粉丝的问题，询问粉丝对才艺表演的看法。

"谢谢大家观看主播的表演，主播的才艺还不错吧？喜欢主播的粉丝可以加关注哦！"

"宝宝们，大家觉得我今天的舞蹈表演如何？"

技巧点拨

技巧1：保持自信，相信自己是最棒的

很多新人主播不自信，表演才艺时表情僵硬、动作不自然，这样不仅很难吸引粉丝，还会给粉丝留下不好的印象。主播必须充满自信，相信自己是最棒的。当你尽情地展现自信和激情时，即便才艺不精湛，粉丝也会被你感染。

技巧2：连麦，让粉丝展示才艺

连麦是互动的有效方式之一。主播表演完才艺之后，可以和粉丝连麦，让他们展示自己的才艺。连麦的粉丝一般都是善于表达、愿意与主播互动的老粉丝，和他们连麦不容易发生冷场、尴尬的情况。

05　"主播怎么不理人，不回答我的问题？"

很多主播为了避免冷场，一个人滔滔不绝。这是一个常见的误区：主播只顾着自己说，忽视了与粉丝的互动，甚至忽视了粉丝的提问。

只顾自己说、对粉丝置之不理是直播的一大忌讳。这样做容易让粉丝觉得自己被忽视、不被重视，从而对主播产生反感。

案例回放

某主播正在展示一款新裙子："这款裙子是今年 ×× 品牌的主打款，有三个颜色，分别是白色、灰色、黑色，这三个颜色都是经典色……"

一位新粉丝进来，问道："身高 165 厘米应该穿多大的码？""我比较胖，是不是需要加一个码？"

过了好几分钟，主播都没有回答这位粉丝的问题。这位粉丝非常不满，愤怒地抱怨："主播怎么不理人？""难道看不到我的问题？""主播这么高冷吗？那还做什么直播！"

这位新粉丝的质问引起了其他粉丝的共鸣，他们纷纷指责主播的"高冷""不爱理人"，直播间陷入一片混乱……

解析

不管在任何场合，只顾着自己说话，不让对方说话甚至不理会对方的提问都是一种不恰当的行为。主播在展现自己和产品的同时，还要巧妙地引导粉丝说话，进而了解并满足粉丝的需求。在直播的过程中，粉丝主动问价格、款式、尺码等问题，说明他们对主播推荐的产品感兴趣，想了解更多的相关信息。此时，主播一定要及时、礼貌、耐心地回答问题，清楚地做出说明。

实战演练

当粉丝询问价格、款式或颜色或者抱怨主播不理人、不回复信息时，主播应该这样应对。

话术1
"宝宝，这款风衣是今年的新款，吊牌价是×××元。今天主播和品牌方合作推新，争取到了全网超低价，8.5折！" "刚有宝宝问××号衣服，这件T恤的价格是××元，价格非常优惠，宝宝们可以和同类产品对比一下……"

话术2
"不好意思，××宝宝！刚刚主播在换服装，没能及时回答你的问题，真的非常抱歉！你身高165厘米、体重110斤，穿均码就可以了……" "非常抱歉，刚刚主播正在忙碌，没看到几位宝宝的问题。现在我回答一下……"

技巧点拨

技巧1：不能敷衍，要用心地与粉丝互动

很多主播在回答粉丝问题时总是用"嗯嗯""是的""好的"等简单的词语，这很容易让粉丝感觉主播敷衍、不用心。敷衍地回答还不如不回答，它对主播与粉丝之间的互动、沟通发挥不了什么积极作用。主播一定要用心地回答粉丝提出的问题，为他们提供专业、合理的购买建议。

技巧2：若不小心错过粉丝的问题，要及时道歉并耐心解答

很多时候，主播可能因为忙着换服装、介绍服装细节而错过粉丝的问题。如果粉丝抱怨，主播一定要及时道歉，并且耐心地解答问题。为了缓解尴尬的气氛，主播可以发个红包，然后多和这些粉丝互动几次，让他们将不良情绪释放出去。

06　提出问题，让粉丝参与进来

良好的沟通往往都是从提问开始的，直播卖货也不例外。要想让直播间不冷场，主播可以适当地提问，让粉丝参与讨论。

提问的话题多种多样，既可以是具有一定趣味性的话题，包括谜语、脑筋急转弯等，也可以是具有一定娱乐性的话题，还可以是关于时尚、流行、服饰的话题（见图1-5）。主播需要注意一点，提问时不能太功利，不能总是推销，否则很容易让粉丝感到厌烦。

宝宝们，
大家是关注款式还是面料呢？

男朋友/女朋友的意见
会左右你们的选择吗？

宝宝们，
大家认为今年的流行色是什么？

在服装方面，
你遇到过哪些"直男式审美"观点？

图1-5　主动提问，引导粉丝参与话题讨论

案例回放

主播："这里有一个脑筋急转弯，大家来听一下……谁知道答案？踊跃回答一下！"

主播："大家喜欢爆款吗？"

粉丝："喜欢！这说明它很流行！""不喜欢，我不喜欢和别人穿一样的款式！"

主播："明星同款呢？"

粉丝："喜欢！""不喜欢！"

主播："宝宝们，大家更关注款式还是面料呢？"

粉丝："当然是款式了！""我比较关注面料，舒适感是最重要的。"

解　析

不同的提问方式会产生不同的效果。有时候，同一个问题，用一种方式提出可以活跃气氛，调动粉丝的积极性，而用另一种方式提出则会让气氛变得尴尬，让粉丝产生反感情绪。例如，主播征求粉丝的意见时有两种提问方式，一种是"大家认为我有哪些方面需要改进"，另一种是"大家是不是对我有意见"。前者比较委婉，可以促使粉丝积极发言、提供建设性的意见；而后者带有质问的意味，容易让粉丝觉得主播有不满的情绪。

再如，"大家觉得款式重要还是面料重要""对于款式、颜色、面料，大家最关心什么问题"属于开放性问题，有利于后续的沟通；而"今年的流行色是黄色，大家喜欢吗""这款裙子适合小巧的女生，大家觉得呢"属于封闭性问题，不利于后续的沟通，还可能引起粉丝的反感。

👆 **实战演练**

主播应该这样提出问题，提升粉丝参与互动的积极性。

话术1
"宝宝们，今天我们讨论的话题是：你的男朋友是'直男式审美'吗？'直男式审美'是怎样的？"

话术2
"今天主播听到一件好笑的事……宝宝们最近有没有好笑的事和大家分享一下？"

话术3
"在款式和面料方面，大家最关心什么问题？""男朋友／女朋友的意见会左右你们的选择吗？"

技巧点拨

技巧 1：选择容易引发讨论的话题

提问是有技巧的，主播要尽量选择容易引发讨论的问题，如"在服装方面，你遇到过哪些'直男式审美'观点""你男朋友接受你穿超短裙吗""大家认为今年的流行色是什么"，这类问题更容易吸引粉丝参与讨论。主播可以根据粉丝的回答来分析其喜好，为之后的产品推介打好基础。

技巧 2：主播把粉丝的提问抛出来，让大家一起回答

如果某位粉丝的提问具有代表性或者独特性，主播可以把这个问题抛出来，让其他粉丝回答。这样做不仅为提问的粉丝提供了更多的答案，还可以调动其他粉丝的积极性，可谓一举两得。

技巧 3：提问不要太功利

主播不要直截了当地询问粉丝是否愿意购买，还要避免问敏感的问题。主播提问时要循序渐进，从日常话题入手，逐步过渡到产品方面。另外，主播一定要给粉丝讨论、回答问题的时间，避免在粉丝激烈讨论时强行打断。

第二章

展示宝贝，引起粉丝的购买兴趣

主播能否成功地将产品推销出去，展示和介绍产品这一环节发挥着至关重要的作用。主播必须重视产品展示和介绍环节，巧妙地把产品的优点、亮点呈现出来，引起粉丝的购买兴趣。

07 "这款衣服的材质、面料……"

产品展示和介绍是直播卖货过程中最重要、最关键的一环。产品介绍得好，亮点都完美地呈现出来，粉丝就会"种草"或直接下单；产品介绍得不好，无法展现产品的卖点，直播就只是浪费时间而已。

具体而言，主播首先应该介绍服装的材质和面料等，突出面料舒适、耐洗、高档等卖点（见图2-1）。

图2-1 详细介绍服装的材质和面料

案例回放

主播："这款衬衫是采用纯棉面料，柔软、舒适、透气，上身效果好，显得高档、有品位……"

粉丝："纯棉会不会容易起皱？"

主播："纯棉面料会出现起皱的问题，不过它很容易打理。若是起皱，用挂烫机烫一下就可以了。"

粉丝："纯棉面料和棉麻面料，哪一个比较好？"

主播："这两种面料各有各的优势和劣势，纯棉面料舒适、耐洗，但容易缩水、起皱；棉麻面料吸湿性高、不贴身，但比较硬，也容易起皱。至于选择哪一种面料，你要看自己的需求……"

解 析

面料问题是粉丝最关注的问题之一，也是其决定是否购买的主要依据之一。主播展示服装时必须着重介绍面料，展示面料的特性。

面料不同，服装的成本、手感、上身效果自然也不同。不同的粉丝对面料的要求不同，有的人看重舒适度，有的人看重质感。主播应该根据服装的价位、档次以及粉丝的需求和喜好来介绍面料的特性。

实战演练

当粉丝询问服装面料时，主播可以这样突出产品的优点。

话术1

"这款衬衫选用高档的桑蚕丝面料，桑蚕丝号称是'人的第二层皮肤'，穿上非常舒服、透气……而且这种面料不起静电，尽显衬衫的质感和垂感……"

话术2

"这件毛衣采用兔毛材质，穿起来非常暖和，防寒性好，而且非常轻软柔和。宝宝们看，这兔毛多细、多软……"（近距离展示）

话术3

"宝宝们，纯棉面料的衬衫穿起来感觉非常舒适、透气，而且非常耐洗，洗涤时不容易变色、变形……"

技巧点拨

介绍产品面料时可以突出两个方面——面料优势和面料对服装外形的影响（见图2-2）。

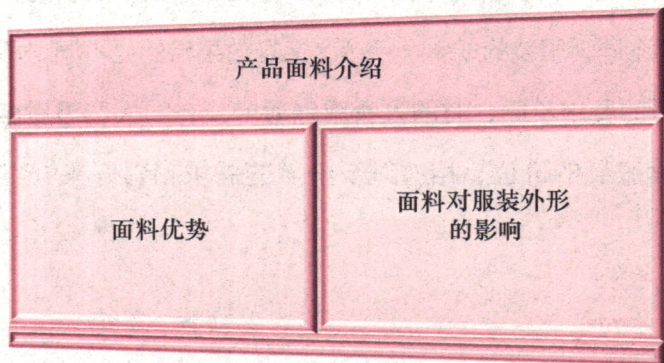

图2-2　介绍产品面料时要突出的两个方面

技巧 1：简短地说出面料的优势

展示服装时，主播应简短地说出面料的优势和特色，例如，纯棉的面料吸湿透气，羊毛的面料质感柔和，蚕丝的面料舒适贴身等。介绍面料时，主播要近距离为粉丝展示，详细描述其纹理、柔软度、舒适度等。

技巧 2：强调面料对服装外形的影响

不同的面料对服装外形有不同的影响，主播应该强调这一点，以增加产品的吸引力。例如，雪纺面料轻薄、垂感好，能给人飘逸的感觉；丝质面料舒适、光滑，能凸显人体优美的线条。主播可以这样说："这款裙子采用雪纺面料，不仅轻薄舒适，还可以展现流动感，让你更有女人味！"

08　"这是2020年夏季流行款式……"

选购服装时，年轻人总是想追流行、赶时尚，因此对那些新款式、流行款式情有独钟。展示服装时，主播应该强调服装的时尚性、设计感、流行性等因素，满足粉丝"喜新厌旧"的心理需求（见图2-3）。

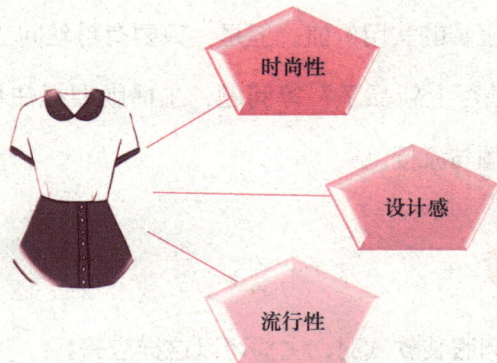

图2-3　向粉丝推荐服装的技巧

案例回放

粉丝："主播，介绍一下那款连衣裙吧！"

主播："这位宝宝真有眼光，这是 2020 年夏季新款，设计师在款式设计上做了大胆的创新，添加了复古条纹元素……"

粉丝："今年流行复古条纹吗？"

主播："没错，2020 年服装的流行元素依旧延续了复古的风格。复古条纹款式在 ×× 时装周上出现过……"

解　析

服装风格多种多样，有韩风、欧美风、OL 风、小香风、名媛风等，但不管哪一种风格，设计必须讲究个性、时尚，紧跟时尚潮流。要想让自己推荐的服装俘获粉丝的心，主播就要从人们追求流行的心理出发，重点介绍服装的款式、设计、时尚元素等，力求在第一时间吸引粉丝的目光。

当然，并不是所有粉丝都看重衣服是否为新款、流不流行，也有不少粉丝注重服装的实用价值。但是，只要有粉丝问"这款衣服是新款吗""店铺是否上新品了"等问题，主播就要抓住粉丝的关注点，突出服装的新潮与流行。

实战演练

当粉丝询问服装款式时，主播可以这样应答。

话术1

"宝宝们，这是设计师在今年推出的新款，衣领做了个性化设计，适合追求个性、时尚的年轻女性。"

话术2

"今年的流行趋势和去年相似，这款服装看似和去年相同，但设计师在细节上做了大胆的尝试……"

话术3

"这是今年超火的款式，能够凸显女性的身材。设计师融合了2020年几种不同的流行元素——动物图案、金属工艺、肩部细节等，让宝宝们可以走在时尚前沿……"

技巧点拨

技巧1：突出一个"新"字

新是那些追求时尚、流行趋势的粉丝的最大关注点。主播在展示、介绍产品时一定要着重介绍新产品、新款式以及服装的个性、时尚元素。例如，主播可以讲解服装图案融入的流行元素、设计细节体现的个性元素等。

技巧2：介绍款式时要充分展示

单纯地说某款服装如何时尚、新潮，设计如何个性、独特，并不能打动粉丝。主播在介绍服装款式时，应该在镜头前充分展示上身效果，让粉丝直观地看到其优点。同时，主播应该注意服装的搭配，配合讲解的内容来展示搭配的效果。

技巧 3：语言简练，先挑重要信息说

展示和介绍服装时，主播最好做到语言简练，先挑重要的信息说。突出服装新在哪些地方，特色在哪里就可以了，千万不要长篇大论、半天讲不到重点，否则就会让粉丝失去耐心。

第二节 展示穿着效果，让效果看得见

09 突出细节，把绣花放在镜头前

要想让粉丝产生购买欲望，主播就必须把服装展示给粉丝看，让粉丝亲自了解服装的做工、面料、色调等。但直播带货有一个劣势，那就是粉丝无法亲自接触服装，无法直接、细致地了解产品优势。

因此，在展示服装时，主播必须对细节尤其是做工细节、设计细节进行近距离的展示（见图 2-4），让粉丝能清楚地看到服装的针脚是多么细致，剪裁工艺是多么细腻，纽扣花纹设计是多么独特，蚕丝面料是多么光滑……

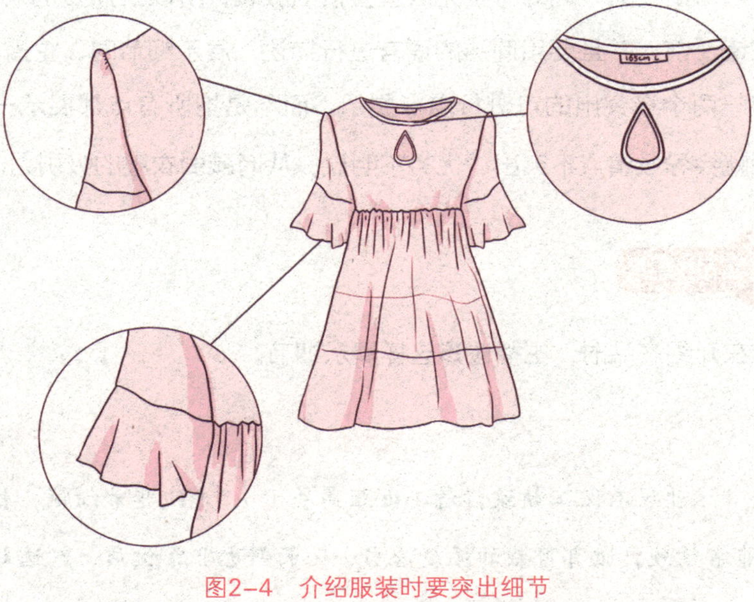

图2-4　介绍服装时要突出细节

案例回放

粉丝："主播，可以展示一下××号衣服吗？"

主播："××宝宝，这款衣服做工非常好，领口、袖口处缝制紧密（把领口、袖口针脚细节展示到镜头前）……而且，胸前绣花采用了传统手工刺绣工艺，精密的绣线、柔软的绣花效果使它更具有美感和质感（展示绣花的细节）……"

解析

越是品牌服装越注重做工、面料、色调等细节，粉丝对服装的期待值也就越高。直播时，主播不能只是简单地介绍服装的整体效果，也不能随便在镜头前展示上身效果，而要有技巧性展示其细节。

因为镜头另一边的粉丝无法直接接触服装，所以主播要把细节展现在镜头前，并且要用简洁的语言进行描述。展示细节时，主播应该挑选一两个最突出的点进行重点展示，而不是把所有点都展示一遍，否则就会导致重点不突出、优势不明显，从而减弱衣服的吸引力。

实战演练

在介绍产品时，主播应该这样展示细节。

话术1

"这款风衣做工精致，看（近距离展示），走线非常细腻，裁剪也非常精致，腰部剪裁的弧度恰当……面料也非常优质，精选超柔软的羊毛，摸起来非常柔软舒服，不容易起球……"

> **话术2**
>
> "这件小西装采用经典的圆领设计，后领口有纽扣，可以随意拆卸。同时，领口采用了双层包边的设计（拿到镜头前），再加上匀称工整的针线，突出了产品制作工艺的严谨。"
>
> **话术3**
>
> "这款衣服在细节上是下了功夫的（拿到镜头前），你看，装饰花纹非常细腻，采用纯手工工艺……裙摆设计是重点，采用淡淡的樱花粉颜色，颜色的渐变和层次的叠加让裙摆看起来仿佛一朵绽放的樱花……"

技巧点拨

技巧1：重点展示做工细节、设计细节

展示服装时，主播要远景展示款式、上身效果，近景展示做工细节、设计细节。这需要主播提前做好功课，详细了解产品的细节优势，然后准确地展示出来，强化粉丝对服装的好感。

技巧2：当粉丝主动询问细节时，主播的回答不能模棱两可

当粉丝主动问一些细节时，主播一定要详细地告诉其答案，而不能说模棱两可的话。千万不要只是说"这件衣服的做工非常细致，宝宝可以来看一看"，然后就只顾展示却不做讲解。粉丝问这样的问题，说明他们在意衣服的细节。主播不能给出他们想要的答案，他们的购买决心自然不会很强。

10 更多地强调功能利益点而非感性利益点

什么是功能利益点和感性利益点？

功能利益点就是关于产品功能性优势的特点和优点，感性利益点就是关于产品感觉、情感性优势的特点和优点。对服装来说，功能性利益点有很多种，如保暖、轻薄、舒适、透气吸汗、垂感好等；感性利益点也有很多，包括穿起来起来显得更自信、时尚、充满魅力、让人眼前一亮等（见图2-5）。主播应该多强调前者，根据服装本身的属性来展示其优势和价值。

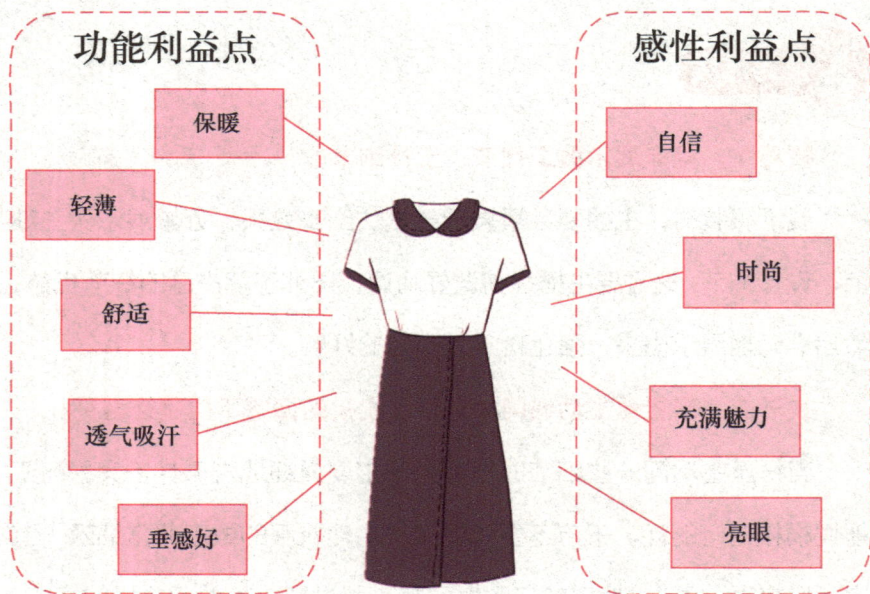

图2-5 功能利益点和感性利益点

案例回放

粉丝："主播，这款毛衣有哪些颜色？"

主播："宝宝们，这款毛衣有很多颜色，白色、黑色、粉色、红色……"

粉丝："主播推荐哪一种颜色？"

主播："这几种颜色都比较百搭，上身效果也都非常好。白色系很显气质，让你看起来非常自信；黑色系让你显得更优雅高贵，使你散发出与众不同的气质……"

解　析

"有气质""看起来非常自信""优雅高贵""与众不同"都是强调感性利益点的说法，突出的是一种感觉、情感，这些是见仁见智的东西，并不能真真切切地突出服装的价值及其给粉丝带来的利益。

主播一味强调衣服的感性利益点而非功能性利益点，就很难打动粉丝。事实上，薇娅等知名主播介绍产品时，一般都着重强调功能利益点，突出产品手感很滑、保暖性好、没有色差等，很少描述感性利益点，如更吸引人、让人充满魅力等。

实战演练

在展示服装时，主播应这样强调产品的功能利益点。

话术1

"白色系看起来高级感、质感非常强烈，显得你肤色白，而且穿起来清爽、不吸热；黑色系看起来高级时尚，穿上后可以遮肉肉、更显瘦……"

话术2

"这款牛仔裤紧致包身，能突出臀部和腿部线条，九分的样式设计让你的身材显得更高挑，而且它的布料穿起来非常舒适，即便是夏天也能保持皮肤干爽……"

话术3

"这款休闲风格的衣服非常显身材，而且非常百搭，搭配休闲裤、牛仔裤都可以，显得自然、随性……"

👆技巧点拨

技巧1：针对不同粉丝的需求强调不同的功能利益点

不同粉丝的个性和需求不同，这决定了他们看重的服装功能也不同。有的粉丝看重实用价值，主播就应该多强调舒适、保暖、吸汗等优势；有的粉丝看重美感，主播就应该多强调衬托肤色、凸显身材等优势。

技巧2：少描述感性利益点不意味着完全忽视

主播应该少描述感性利益点，但这并不意味着完全忽视它们。有时候，衣服带来的主观感受、情感层面的好处对部分粉丝更有吸引力。例如，对于有些自卑、内向的粉丝，如果主播说"穿上它，你会显得更自信、充满魅力"，就能让他们产生更强烈的购买欲望。

11 善用对比，突出服装的价值

主播要想更好地展示服装，引起粉丝的购买兴趣，就要善于运用对比的手法，最大限度地增加产品在粉丝心中的价值。对比可以是横向的，也可以是纵向的。横向对比就是把自己推荐的服装与同类服装进行设计风格、性价比、折扣力度等方面的对比（见图2-6）；纵向对比就是服装穿着效果、形象品位、个人自信等方面的对比（见图2-7）。

设计风格　　　　　　　　　　　折扣力度

性价比

图2-6　服装横向对比

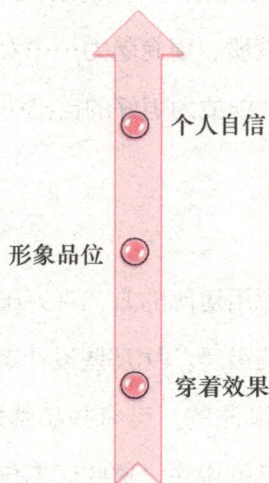

个人自信

形象品位

穿着效果

图2-7　服装纵向对比

37

在对比的过程中，主播要强调自己推荐的服装的价值，让粉丝了解服装的优势及其能够带来的好处。当然，主播一定要保持客观公正，不能为了突出自己的产品而故意贬低同类产品。做纵向对比时，主播千万不能嘲讽、否定粉丝。

案例回放

粉丝："主播，请推荐一下 ×× 号衣服……"

主播："好的。这款衣服是我们直播间卖得超火的一款，宝宝们仔细看看它的设计，比那些设计老套的品牌时尚很多……我们这个品牌是引领时尚潮流的，可有些品牌却总是模仿，比如 ×× 品牌……"

粉丝："主播，这款衣服的上身效果如何？我之前时常穿休闲款式……"

主播："这款衣服款式时尚、剪裁精致，而且面料是真丝的，比你之前那些休闲款式更显气质、更有魅力……女人应该设计自己的穿衣风格、生活方式，这样才能成为更好的自己……"

解 析

案例中的这位主播想用对比的方式来突出自家服装的优势，强调其价值，但她犯了严重的错误。"比那些设计老套的品牌时尚很多""我们这个品牌是引领时尚潮流的，可有些品牌却总是模仿，比如 ×× 品牌"都是贬低同类产品的说法，这些话不仅不能让粉丝对她推荐的服装动心，还可能引起粉丝的反感。

而"比你之前那些休闲款式更显气质、更有魅力"这种说法是对粉丝的否定，暗示粉丝眼光差、没有品位。主播这样否定和贬低粉丝，粉丝还会对主播有好感吗？粉丝对主播失去好感，又怎么会愿意买主播推荐的服装？

实战演练

在展示服装时，主播可以这样利用对比来突出产品价值。

话术1
"这款衣服是我们直播间卖得超火的一款，宝宝们仔细看看它的设计，新潮、时尚，采用今冬非常流行的××元素……这是著名设计师××提出的设计新理念，很多国际大品牌都在采用，国内其他品牌还没有……"
话术2
"这款小礼服款式时尚、剪裁精致，而且面料是真丝的，能凸显女人的气质、魅力，让女人变得更自信。女人提升气质和自信之后，生活方式就会改变，幸福感就会增加……为什么不尝试一下，改变自己也改变生活……"

技巧点拨

技巧1：推介服装时，不要使用过多的专业术语

与粉丝沟通时，主播要多使用通俗的语言，尽量少使用专业术语。专业术语固然能体现主播的专业性，但是做服装推介并不是讲解专业知识，而是把产品信息准确有效地传递给粉丝。若粉丝听不懂你说的话，就很难知晓产品的卖点，更难产生兴趣。

技巧 2：将粉丝的喜好作为自己的出发点

不管运用哪一种对比方法，主播都应该关注粉丝的喜好，因为这才是销售最基本的出发点。在展示和推介服装时，主播应该通过提问、沟通来确认他们喜欢和在意什么，到底是设计、款式还是价格、优惠；确认他们希望得到什么效果，到底是改变个人形象还是弥补身体缺陷。

若主播不懂得把粉丝的喜好作为出发点，只是滔滔不绝地介绍自己的产品，结果往往只有一个：粉丝不耐烦地说"好，我再了解一下"，然后转身离开。

12　多强调优点，但缺点也要说一说

很多主播在介绍服装时只强调优点，即便粉丝发现服装的小缺陷和瑕疵，他们也会矢口否认，企图用各种理由搪塞过去。他们认为，告诉粉丝服装的缺陷和瑕疵，就会把粉丝吓跑。

我们不能否认，这样的结果确实可能发生。但是，大肆渲染服装的优点，却对其缺点和瑕疵只字不提，甚至企图欺骗和隐瞒粉丝，这样的做法绝不明智。因为坦诚地说出服装缺点和瑕疵可能会让你失去粉丝，但也可能让你赢得粉丝的尊重和信任，但欺骗和隐瞒的结果只

有一个——粉丝一定会失去对你的信任。

案例回放

粉丝："主播，这款牛仔裤会不会褪色？"

主播："不会的，这款牛仔裤采用特殊工艺，肯定不会褪色……"

（实际上，这款牛仔裤有些褪色，尤其是头几次洗时。）

粉丝："主播，这款裙子挺不错，适合微胖的女生穿吗？"

主播："没问题，这款裙子版型非常好，能够完美修身，也适合微胖的身材……"

（实际上，这款裙子对身材要求很严格，只适合高挑的女生，微胖的女生穿起来更显胖。）

粉丝："主播，这款外套这么便宜，是不是有质量问题？"

主播："当然不是，这个品牌的质量是一流的，价格便宜是因为换季、清库存……"

（实际上，这款外套内衬有色差，比其他批次质量差一些。）

解　析

严格说起来，褪色、挑身材也不算是服装的缺点，但确实影响粉丝的使用体验。案例中的主播采用了隐瞒、欺骗的方式，牛仔裤明明褪色却说肯定不褪色，裙子明明不适合微胖女生却硬说适合，外套明明有质量瑕疵却不承认。谎言很容易被戳破，这位主播不仅会得到粉丝的差评，还会因为不诚信而失去更多粉丝的支持。

在展示服装时，主播应该诚实地把服装存在的问题说出来，然后提供专业、有效的建议。大部分粉丝都会被主播的专业和真诚感动，他们对主播和服装的信任感也会进一步增强。

实战演练

当粉丝询问服装是否存在缺点时，主播应该诚实地把问题说出来。

话术1

"宝宝，新买的牛仔裤都会有一些褪色，尤其是头几次洗的时候。不过，这并不是什么缺点，而且使用一些小妙招就可以避免。你可以把新买的牛仔裤用盐水或白醋泡几个小时，然后再清洗一遍……这个方法效果非常好，很多人都是这样做的……"

话术2

"没错，这款裙子版型非常好，能够完美修身，不过它对身材的要求很严格，只适合高挑的女生……你身高、体重是多少？……这样吧，我可以推荐另一款裙子，它更休闲一些，优点是既能凸显女性身材的线条感，又可以遮肉肉……"

话术3

"说实话，这款外套确实有些瑕疵，因为厂家的疏忽导致内衬有色差，比其他批次质量差一些。但是，这不影响面料品质和穿着效果……我们都知道，这个品牌讲究品质和信誉，本着对消费者负责的态度才没有以次充好，而是采用打折的方式……"

技巧点拨

技巧 1：绝不欺骗和隐瞒，真诚地把问题说出来

谁都不喜欢被他人欺骗，况且服装的有些缺点和瑕疵是无法隐瞒的，粉丝收到货后很容易发现。主播不应该心存侥幸，而要真诚地把问题说出来，然后再介绍一些消除缺点的小妙招，或者介绍更适合粉丝的其他服装。

技巧 2：告知缺陷也要讲究方式方法

真诚地告知服装的缺陷和瑕疵并不等于一上来就直接说"我的衣服不好""我的衣服有缺陷"，这样说只会搞砸这场直播。

主播要诚实地告知粉丝问题所在，但也要讲究方式方法。例如，主播在说问题之前可以稍微铺垫一下，说完之后再解释一下造成这个问题的原因。如果有相应的解决办法，就详细说明如何解决这个问题；如果没有，也要强调这个问题造成的影响非常有限，或者已经在价格上做出了最大限度的让步和补偿。主播这样说，粉丝更容易接受。

第三章

放大卖点，拨动粉丝的心弦

产品不会说话，主播就是产品的代言人。主播需要用简练、生动、精确的语言来放大产品的卖点，力求把卖点植入粉丝的内心。这些卖点其实就是粉丝产生购买欲望的诱因和动机，如果主播无法充分展现它们，那么销售业绩肯定不会好。

13 性价比高——大家都关注它

直播购物最大的特点就是性价比高。通常来说，直播平台和主播都会与品牌方进行合作，保证产品价格足够低。因此，主播一定要让粉丝明白：同一品牌、同类款式的服装，自己直播间里的性价比是很高的。

性价比高并不等于产品价格越低越好，主播要通过介绍产品价值、品牌和价格，让粉丝感到产品是物超所值的。换句话说，主播应该让粉丝明白：虽然自己的产品价格足够低，但品质却是一流的（见图3-1）。

质量、品质

价格

图3-1 高性价比

案例回放

粉丝："这款衣服确实挺不错，可是价格太贵了！"

主播："是的，这款衣服的价格确实稍微有点高，可是它毕竟是大品牌，款式、面料、做工都是一流的。它的设计是同类品牌中一流的，更能凸显宝宝们的气质和品位。而且，主播直接和品牌方合作，为宝宝们争取到了全网超低价……"

主播："单从价格来说，确实有些贵。可是，从品牌和做工来说，这款衣服肯定物超所值……"

解析

很多时候，粉丝觉得服装价格贵并不是不舍得花钱，而是主播没有让他们认识到服装物超所值。直播时，主播应该先强调服装的价值，再谈价格，强调它的高性价比，这样一来粉丝就不会嫌贵了。

主播一定不能说"这已经是全网超低价了，怎么还有人嫌贵""拜托，这可是大品牌，这个价格还贵"这类的话，而要引导粉丝认识到服装的价值和优点及其能给他们带来的价值。

实战演练

在强调服装的性价比时，主播可以这样对粉丝说。

话术1

"宝宝们，这款羽绒服是××品牌的产品，羽绒是95%白鹅绒，保暖性非常好，而且还抗菌、健康。它的款式也非常经典，穿个两三年都不会过时……与其买一件普通的、价格低的羽绒服，还不如买一件高档的、能多穿几年的划算，对不对？"

话术2

"宝宝们，这款衣服款式和面料都是一流的，同款衣服在商场、专卖店卖××××元，而我们和品牌方合作推出超低折扣，直接降到7.5折，就连品牌方10周年庆典时都没有这样的折扣……"

话术3

"宝宝们，即便是同款的衣服，因为面料、质感不同，上身效果也有所不同。相比于同款，这款衣服的面料、质感都非常不错，价格却不高，可以说性价比非常高！"

👆 技巧点拨

技巧1：比较价格，强调价格优势

粉丝总是希望能花更少的钱买到更好的衣服，所以主播应该特别强调衣服的性价比。例如，主播可以把服装的价格和同类服装或其他渠道相同服装的价格做对比，让粉丝认识到主播给出的价格是十分优惠的。

技巧2：强调服装的价值和优势

主播要先强调服装的价值和优势（包括品牌、设计、做工、稀缺性等），此时粉丝会提高服装在自己内心的预期价格。然后，主播给出一个优惠的价格，粉丝就会认为服装的价格虽然贵一些，但是带给自己的价值更大，确实物超所值。

技巧3：说出价格低的原因

主播应该明确说出价格低的原因，例如，新品牌为了打开市场，以成本价进行促销；主播为了提高人气、吸引流量，为粉丝提供福利。

主播可以这样说，"宝宝，你是新粉丝，新粉丝的第一单我们通常是不赚钱的，只为了提高人气。这款衣服的销售非常火爆，第一批货很快就被抢购一空……"

14 好搭配——"这件大衣很百搭！"

对很多粉丝来说，好搭配也是服装的一大卖点。这类粉丝比较注重服装的实用性，通常会选择安全性高、性价比高的服装，而不会选择太高档、过于个性化的服装。这类粉丝不一定贪便宜，非要买价格低的服装，但如果主播推荐的服装比较百搭、性价比高，他们多半会产生很大的兴趣（见图3-2）。

图3-2 强调服装的百搭性

主播应该注意一点：要为粉丝提供合理的搭配建议，不能说得太笼统、太模糊，否则很难说服粉丝。

案例回放

粉丝："这款衣服确实挺不错，搭配什么颜色更好看？"

主播："这款衣服很好搭配，什么颜色搭配起来都好看！比如白色、黑色……"

粉丝："主播，这款衣服适合正式场合吗？"

主播："宝宝，这款衣服很百搭，适合各种场合。你不用担心……"

解　析

案例中的这位主播发现了粉丝的需求，也强调了百搭这一卖点，但他的话没有什么说服力。"什么颜色搭配起来都好看！比如白色、黑色……""适合各种场合"等描述过于简单、模糊，听起来很敷衍。

服装主播要想让粉丝信任自己，就必须展现自己的专业素养，指导粉丝如何将服装搭配得更恰当。当粉丝认识到主播是专家而且给出的建议很有用时，自然会放心地下单。

实战演练

与粉丝沟通时，主播应巧妙地强调服装的百搭性，提升其在粉丝心中的价值。

话术1

"宝宝，这款针织衫很百搭，春秋季可以搭配外套、连衣裙、牛仔裤，冬季可以搭配大衣、羽绒服……"

话术2

"这款毛呢大衣非常简约大方，适合办公室也适合日常生活……灰色一直是时尚圈的流行色，非常时髦百搭，而且还不挑肤色……你可以搭配白色、黑色打底衫，也可以搭配酒红色、咖啡色毛衣……"

话术3

"这款牛仔裤是百搭风格，可以搭配T恤、雪纺小吊带，也可以搭配纯色休闲小西装、大衣……这款牛仔裤看似简简单单，但花点小心思就可以让你变得更时尚……"

技巧点拨

技巧1：找到卖点，强调卖点

主播可以通过粉丝的提问来确定其是否在意服装好搭配。例如，粉丝问"这款衣服搭什么好看""这款衣服可以搭什么颜色""它是不是适合各种场合"等问题时，主播应该强调服装的百搭性，将其作为核心卖点。同时，主播还可以分享一些搭配小技巧。

技巧2：不要期望马上说服粉丝

注重实用价值的粉丝通常更加理性、保守，主播不应期望马上说服他们。主播应该在镜头前多为粉丝展示一下，让他们看到搭配的效果。只要充分展示服装的实用性和价值，就能让他们下定决心购买。

15　好洗涤——洗护方便很重要

很多服装只适合干洗，打理起来很麻烦，这会让一大部分粉丝直接放弃购买，他们很可能会说："这衣服需要干洗，太麻烦了！""干洗费用不低，我还是不要了！"

因此，对很多粉丝来说，好洗涤、好打理也是服装的一大卖点。直播时，主播要强调这一卖点，消除粉丝在此方面的疑虑。另外，主播要尽量避免直接说"不可以机洗，只能干洗"这样的话，因为这些话会让粉丝望而却步。

案例回放

粉丝："主播，这件衣服可以机洗吗？"

主播："宝宝，建议您不要机洗。"

粉丝："什么？那必须要干洗吗？每次都需要干洗，太麻烦了！为什么你家的衣服不能机洗，××品牌的就可以？"

主播："宝宝，这件衣服并非只能干洗。我建议最好不要机洗，因为这有利于保持衣服的最佳状态，毕竟这件衣服也不便宜，保养好了才能穿得久，对吗？其实，这件衣服是羊毛的，很容易清洗和打理，用30℃左右的清水加洗涤剂轻揉就可以了。你可以用手洗，也可以用洗衣机的轻柔模式来洗，但记住不要脱水……"

解　析

不同的面料有不同的洗涤和保养方法。例如，棉织物可以手洗和机洗，只要不大力揉搓就不会变形；丝绸好清洗，但不能暴晒。使用错误的方法会影响服装的上身效果和使用寿命。如果服装的面料好洗涤、好打理，主播就要着重强调这一卖点。

很多粉丝因为嫌麻烦，即便购买了面料比较高级的服装，也不太愿意花太多时间洗护。因此，主播最好简要地介绍一下洗护技巧。

实战演练

有些粉丝不愿意在服装洗护上花时间，主播应将好洗涤作为服装的一大卖点。

话术1
"这款衣服非常好洗涤，机洗、手洗都可以。但必须注意，不能暴晒、不能干烫……"
话术2
"这款衣服的面料比较特殊，但打理起来非常简单，只需要用专门的洗涤剂清洗，不要用力揉搓、不能甩干，自然阴干就可以了。"
话术3
"羊毛面料非常好打理，每次穿完后挂起来，再用软毛刷刷一下领口和袖口就可以了。如果你家里有挂烫机，可以时不时熨烫一下，这样可以保证衣服的平整。若是家里没有挂烫机，也没有必要专门购买。只要清洗时适当注意一下，就不会有太多褶皱……"

技巧点拨

技巧 1：分享一些洗涤小技巧

若有粉丝询问洗涤方面的问题，主播可以分享一些洗涤小技巧，如"羊毛面料不能用硬毛刷使劲刷，以免起毛""通常来说，衣物不能浸泡太久，否则会掉色"。主播分享这些小技巧，不仅可以突出服装的特点，还可以赢得粉丝的好感。

技巧 2：强调干洗、手洗并没有那么麻烦

当粉丝抱怨"干洗太麻烦"时，主播应该先认同粉丝的说法，让粉丝更愿意倾听自己的意见。然后，主播应该着重强调干洗、手洗并没有那么麻烦，让粉丝认识到服装的价值、面料的优势，消除他们的顾虑。

技巧 3：强调自己的专家身份，让粉丝对自己更有信心

大部分人都愿意听从专家的意见和建议。在与粉丝沟通时，主播应该强调自己的专家身份，强调自己的意见是专业的，并切实提供有效的方法，指导粉丝用正确的方法洗涤、打理服装。只要粉丝认可主播的专家身份，对主播有信心，就更容易接受产品。

16　了解粉丝的喜好，有针对性地推介品牌

人们总是更关心那些和自己有紧密关系的东西，更喜欢那些自己熟悉、信赖的东西。直播购物也是如此，大部分粉丝更愿意选择自己常买、常穿的品牌，而对自己不熟悉的品牌比较抵触、排斥。

主播需要通过沟通了解粉丝的需求和喜好，然后投其所好地突出品牌的特色和优势。例如，粉丝钟情于某一品牌，主播就应该强调自己推介的服装具备该品牌的某些特质，进而打动粉丝的心。

案例回放

主播："宝宝们，这款上衣来自国内知名品牌，采用进口优质面料，款式新颖、时尚，很受时尚、个性人士的喜爱……"

粉丝："我一直都穿 ×× 品牌的衣服，没穿过这个牌子的衣服，不知道质量怎么样？"

主播："宝宝，我们的品牌和 ×× 品牌差不多，而且价格比它还要便宜……买衣服不能只买一个品牌，试一试我们这个品牌，或许能给你焕然一新的感觉！"

解　析

在粉丝对某个品牌已经产生信任感、依赖感的情况下，改变粉丝

的观念确实不是一件容易的事情。主播首先应该认同和赞美粉丝的选择，赢得粉丝的好感，缓和粉丝的抵触心理，然后强调自己推荐的品牌的优势，深入挖掘粉丝的需求，进而说服粉丝。

案例中的主播采用了错误的方式，他说"我们的品牌和××品牌差不多"，既然如此，粉丝为什么要选择自己不熟悉的品牌，放弃自己信任的品牌？"价格比它还要便宜"这句话也没有说到点子上，粉丝在意的是品牌而不是价格，这样说根本没有说服力。而"试一试我们这个品牌"这句话则推销意味太浓，很难提起粉丝的兴趣。

👆 实战演练

与粉丝沟通时，主播应该根据粉丝的喜好进行有针对性的推荐。

话术1
主播："是的，这个品牌很不错，一看您就是有品位和眼光的人。您觉得这个品牌最吸引您的地方有哪些呢？"
粉丝："这个品牌的设计比较人性化……而且这个品牌的服装剪裁得体，好像为我量身定做的一样……"
主播："是的，您说的这几点都很对，其实我们这个品牌也努力在这几个方面不断完善，很多粉丝购买我们的衣服后都称赞不已。我们这款衣服能凸显您的曲线美、柔性美……"

话术2
主播："是吗？××品牌的衣服相当不错，一直是气质女性的首选。其实，我们这个品牌的口碑也非常棒。这可不是自吹自擂，宝

宝们，来看看这个品牌的销售情况、粉丝评价……我们这个品牌和××品牌定位差不多，但设计风格不太一样……我们这个品牌倾向于欧美风，突出女性的优雅、自信，简约设计凸显不一样的气质！"

👆 技巧点拨

技巧 1：了解粉丝对品牌的偏好

品牌不仅代表了服装的品质、工艺，还代表了某个群体的价值取向、文化理念、审美等。大部分粉丝对品牌都有某种偏好，主播要通过主动沟通了解其偏好。

技巧 2：深挖粉丝的喜好和需求，强调品牌优势

主播的话是否打动粉丝的心，关键在于是否摸准了粉丝的喜好和需求。例如，粉丝看重某品牌的设计感，主播就应该重点介绍自己推荐的品牌的设计理念和优势。如果主播忽视粉丝的喜好，一味强调品牌的实用性、性价比，就很难打动粉丝。

技巧 3：肯定粉丝认可的品牌，强调品牌的共性和差异性

如果粉丝对某个品牌的忠诚度比较高，那么主播应该先肯定粉丝的选择，进行公正评价和适当赞美。接下来，主播要强调自己推荐的品牌和这个品牌的共性，向粉丝的喜好靠拢，促使粉丝了解自己推荐的品牌。最后，主播要强调两者的差异性，重点突出自己推荐的品牌的特色和优势，引导粉丝认可其价值。只要这几个步骤顺利完成，自然就能成交（见图3-3）。

```
┌──────────┐      ┌──────────┐      ┌──────────┐
│  了解粉丝  │ ──▶  │  深挖粉丝  │ ──▶  │  强调品牌  │
│   偏好    │      │   需求    │      │   优势    │
└──────────┘      └──────────┘      └────┬─────┘
                                          │
                                          ▼
┌──────────┐      ┌──────────┐      ┌──────────┐
│  强调品牌  │ ◀──  │  强调品牌  │ ◀──  │  肯定粉丝  │
│  差异性   │      │   共性    │      │   选择    │
└────┬─────┘      └──────────┘      └──────────┘
     │
     ▼
┌──────────┐      ┌──────────┐      ┌──────────┐
│  突出品牌  │ ──▶  │  突出品牌  │ ──▶  │ 引导粉丝认可 │
│   优势    │      │   特色    │      │  品牌价值  │
└──────────┘      └──────────┘      └────┬─────┘
                                          │
                                          ▼
                                    ┌──────────┐
                                    │   成交    │
                                    └──────────┘
```

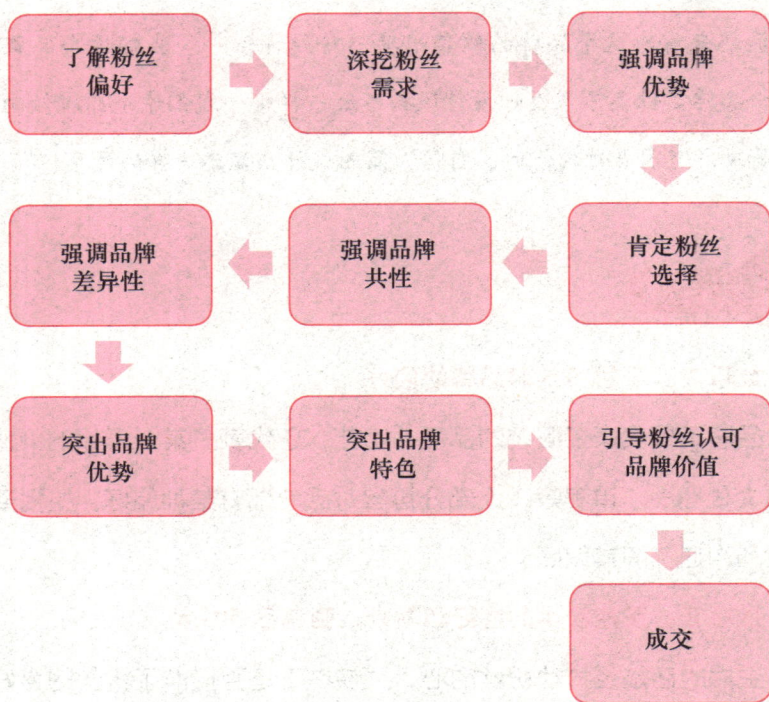

图3-3　介绍服装品牌的一般流程

17　讲一个有趣的品牌小故事

　　一个品牌抢占市场、提高粉丝的忠诚度，只靠产品本身的品质是远远不够的。尤其是在产品同质化日益严重的今天，要想让粉丝记住某个品牌，认可并忠于这个品牌，主播就必须强化品牌价值，让粉丝成功地将这个品牌和其他品牌区分开来。

　　讲一个有趣的品牌小故事是一种不错的方法。借助故事的力量，主播可以展现品牌的历史、成绩、影响力和设计理念等（见图3-4），从而把生硬、枯燥的介绍变得更加生动、有趣。粉丝被品牌故事吸引，就容易对其产品产生好感，进而产生购买的动机。

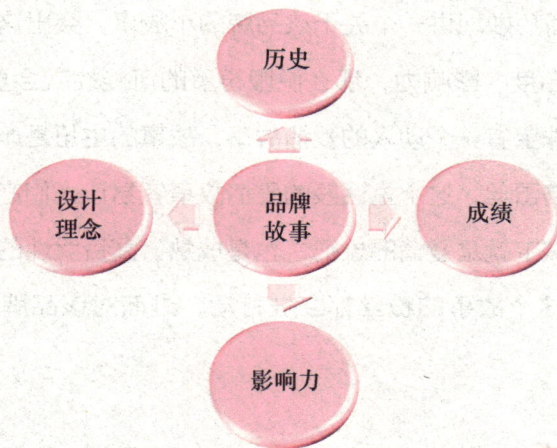

图3-4　品牌故事涵盖的内容

案例回放

粉丝："主播，这个品牌我不是很了解，可以介绍一下吗？"

主播："宝宝，这是一个国外的知名品牌，进入国内市场时间不长，所以在国内还没有多少知名度……这是一个高档品牌，价格稍微高一些，但是它的设计和款式……（突出品牌的优势和卖点）……像您这样有品位的人就应该选择……"

粉丝："不好意思，我还是再了解一下吧！"

解　析

案例中的主播对品牌进行了详细介绍，也强调了品牌的优势和特点，可效果显然并不好，为什么呢？很简单，主播的介绍过于机械化，几乎没有什么可以打动粉丝的内容。

如果主播巧妙地讲一个关于该品牌的小故事，突出这个品牌在国外市场的知名度、影响力，那么说服粉丝的可能性就会更高。例如，关于卡地亚珠宝有一个动人的爱情故事，故事的主角是摩洛哥王子与奥斯卡影后格蕾丝。这个童话般的爱情故事容易让人们产生这样的认识：卡地亚珠宝就是爱情的象征，也是成熟、高贵女性的首选。相信每一位听了这个故事的粉丝都会被打动，进而对该品牌产生深刻的印象。

👆 实战演练

与粉丝沟通时，主播可以利用小故事渲染品牌优势和价值。

话术1

"宝宝，我们这个品牌是国外的知名品牌，刚进入国内市场不久，您不了解也很正常……关于这个品牌流传着一个有趣的小故事：品牌创始人是一位设计师，在他心中服装就应该线条自然，让人体处于最舒服的状态……"

话术2

"宝宝们，这个品牌是一线品牌，明星××、×××是品牌代言人，许多社会知名女性也是这个品牌的忠实顾客。当初××并不愿意代言，因为她之前只代言国际大品牌，可具体了解我们服装的品质后，就立即同意代言了……"

技巧点拨

技巧 1：即便是讲品牌故事，也要讲得生动有趣

利用小故事介绍服装品牌的目的是增加互动的趣味性，让粉丝有兴趣继续观看直播。因此，主播不论是讲品牌历史还是品牌故事，都要讲得有趣、生动，具有感染力。利用小故事渲染气氛，把粉丝拉入自己的阵营，就更容易说服粉丝购买。

技巧 2：充分利用明星效应

在粉丝看来，明星是公众人物，因此他们在心里会把明星代言的品牌和明星自身的信誉挂钩。

讲品牌故事时，主播可以多讲明星的故事，让明星替品牌说话。当然，利用明星效应时，主播一定不能弄虚作假，不能编造故事。

18　FAB话术——突出特点、优势和利益

FAB 话术是服装直播中最常用的话术，它可以让你的卖点更有吸引力。FAB 是三个英文单词 Feature（特点）、Advantage（优势）和 Benefit（利益）的缩写（见图 3-5）。简单来说，只要主播按照 F、A、B 这样的顺序来推介产品，就可以最大限度地突出产品优势。

F ● 特点（Feature）

A ● 优势（Advantage）

B ● 利益（Benefit）

图3-5　FAB话术

案例回放

粉丝："主播，能介绍一下那款蓝色的连衣裙吗？"

主播："宝宝，你的眼光真不错！这款连衣裙采用当下非常流行的天蓝色，裙摆是百褶形状（特点）……修身设计能完美展现高挑身材（优势），穿上它之后你一定会成为大家关注的焦点（利益）……"

粉丝："嗯，看起来还不错……"

解 析

案例中的主播运用 FAB 话术，充分地展现了这款服装的特点，包括颜色、设计等，然后说明了这种设计有什么作用、能给粉丝带来什么好处。这些正是粉丝最关注的，所以粉丝很快就被主播的话打动，对产品产生了兴趣。接下来，只要主播继续激发粉丝的购买欲望，便可以顺利地让其下单。

运用 FAB 话术时，主播不能照本宣科、生搬硬套"特点—优势—利益"这个公式，而要根据具体情况灵活运用。

实战演练

向粉丝推荐服装时，主播应该巧妙地运用 FAB 话术。

话术1
"这款 T 恤采用纯棉材质，透气性、吸汗性极强，让人倍感舒适！对 T 恤来说，舒适感是最重要的……"
话术2
"这款连衣裙采用前短后长的不规则下摆设计，给衣身增加了一些趣味和个性，上身显得更有时尚感……你穿上这款衣服参加朋友聚会，肯定能成为全场的焦点……"
话术3
"宝宝，这件夹克有黑色和红色两款，黑色款是我们的主打款，能够展现成熟、干练的气质……而且黑色款还特别好搭配，稍微加点装饰，比如花色丝巾，就可以打造优雅、妩媚的形象……"

技巧点拨

技巧 1：熟悉所有卖点，强调服装与众不同的特点

每款服装、每个品牌都有与众不同的特点和风格，这些都是主播应该熟悉并反复强调的卖点。例如，某件衣服采用波希米亚风格，主播就应该重点介绍大朵的印花、手工的花边，以及流苏、珠串装饰等元素。

技巧 2：主次分明，突出重点

运用 FAB 话术时，主播要做到语言精练、重点突出。主播要尽量突出某一点，要么是特点，要么是利益。如果没有重点，主播的话就不会有很强的说服力。

有时，主播也可以根据粉丝的需求略过产品的特点和优势，但是不能省掉利益，因为对粉丝来说，利益才是最重要的。例如，主播可以说"翻领设计使衣服显得更自然、大方""纯棉材质具有良好的透气性，穿着感觉更加舒适"等。

19　不同的粉丝有不同的利益关注点

很多主播都会犯这样的错误：还没有弄清楚粉丝关注的利益点是什么，就过早地开始介绍和推销产品。有些主播甚至根本不关心粉丝的关注点是什么，只是一味地强调自以为的卖点，大讲特讲产品能给粉丝带来什么好处。

不符合粉丝需求和利益的推销是毫无作用的，你说得再多也不会有好结果。例如，粉丝更看重衣服的实用性、性价比，你却一再强调穿上这件衣服更显品位、气质和魅力，结果只能是粉丝通通跑掉。

案例回放

粉丝："主播，能介绍一下 ×× 号连衣裙吗?"

主播："宝宝，你的眼光真不错！这款连衣裙做工非常精致，采用欧美风格设计（特点），简约、时尚又高档（优势）……现在这款衣服有 8 折优惠，非常实惠（利益）！"

粉丝："这款衣服确实不错，但价格有些贵。我平时不出入正式场合，没必要买这么贵的衣服……"

主播："你这么说就不对了，女人就应该多爱自己，买几件好衣服，好衣服才能展现女人的魅力……"

解 析

案例中的主播采用了错误的话术，她只顾着展示产品的特色、优势，却没有根据粉丝的需求进行推介。粉丝明明更关注服装的实用性，但主播却一再强调品质、品位，自然无法说服粉丝。

主播还说了"你这么说就不对了"这种直接否定粉丝的话，容易让粉丝产生被否定、嘲笑的感觉，很可能会激怒粉丝。

实战演练

向粉丝推荐服装时，主播应该根据其需求和利益关注点进行推介。

话术1

"没错，这款衣服确实有些贵，但是它真的物超所值。这个品牌很少打折，这次打8折是难得的机会……而且，你说自己很少出入正式场合，但不意味着一次机会都没有，对吧？朋友结婚、公司年会这些场合最好穿得正式一些，对吧？这款衣服简约大方，几年内都不会过时……"

话术2

"虽然这款衣服价格有些贵，但性价比非常高。它是知名大品牌，质量和款式都是一流的……这次活动力度很大，比'双十一'期间的折扣都低……你花这个价钱买个大品牌，和便宜200元买个普通品牌，哪个更划算？相信你心里肯定有一笔账，是不是？"

话术3

粉丝："主播，能不能介绍一些高档的衣服？"

主播："宝宝，这款衣服设计偏向欧美风格，简约、时尚又高档，今年非常流行……穿在身上女人味十足，若是搭配一款时尚的黑色小皮包，更尽显优雅女神气质……"

技巧点拨

技巧1：观察和询问粉丝的利益关注点

粉丝关注的利益点主要包括以下几个方面：提高自身社会形象，

提高个人自信，满足功能需求，提高个人品位，弥补身体缺陷等。主播在强调服装卖点时，应仔细观察或直接询问粉丝关注的利益点是什么，然后把最重要的点充分展示出来。

技巧 2：强调服装给粉丝带来的利益

对粉丝来说，只有被他们认可的特点或卖点所带来的价值才具有意义。例如，一款服装的款式非常时尚，但粉丝看重的不是款式而是面料，主播一味强调款式就没有任何实际作用。运用 FAB 话术时，主播必须关注粉丝的真正需求，强调服装给粉丝带来的利益。

技巧 3：面对不同的粉丝，对利益点进行细分

俗话说"见什么人说什么话"，主播也要懂得这个道理。面对不同的粉丝，主播应该根据其职业、身份、心理需求、喜好来强调不同的利益点，力求把话说到对方心坎上（见图 3-6）。

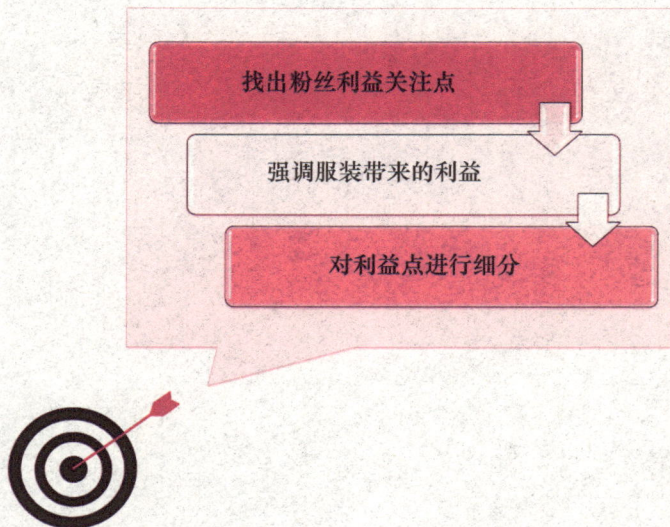

图3-6　如何命中粉丝的利益关注点

第四章

激发购买欲望——
"宝宝们，买它！"

对主播来说，揣摩粉丝的心理是非常有必要的。只有了解并掌握粉丝的心理需求，有针对性地与其沟通，才更容易把话说到他们的心坎上，激发他们的购买欲望。例如，很多粉丝都有从众心理、占便宜心理，主播利用这些心理推介产品，自然可以俘获粉丝的心。

20 明星效应——"这件宝贝明星×××都在穿！"

人们普遍具有模仿心理，尤其愿意模仿明星的穿搭，他们希望通过这种方式拉近自己与明星之间的距离。因此，"明星同款"成了很多粉丝选择服装时的一个重要依据。明星们的各种街拍照、机场照一旦爆出，身上穿的服装就会迅速成为爆款、热搜款（见图4-1）。

图4-1 明星效应

这就是我们所说的明星效应，它可以直接影响某款服装的流行趋势和销量。主播应该掌握、利用粉丝的这种心理，用"明星同款""明星代言""明星×××也在穿这一品牌"等话术激发粉丝的购买欲望。

案例回放

案例 1

粉丝："听说这个品牌有明星同款，真的吗？"

主播："当然！主播这里有明星×××的同款卫衣，而且品牌还打算请×××做代言，因为她的气质非常适合这个品牌……"

粉丝："好的！那我买这一款卫衣！"

案例 2

粉丝："主播，这个品牌的衣服是不是××代言的，那么明星是不是也在穿？"

主播："这个我不清楚。"

解 析

明星的影响力较大，既可以影响其他人的行为、思想，也可以引领消费潮流。所以，很多品牌都会选择明星作为代言人，而"带货指数"也成了衡量明星商业价值的标准之一。

当主播说"明星×××也喜欢这一品牌""有明星同款"时，部分粉丝会毫不犹豫地下单。因此，主播应该充分利用明星效应，把自己的服装与明星联系起来，激发粉丝的购买欲望。

案例 1 中的主播显然懂得这个道理，他准确地抓住了粉丝的追星心理，成功地激发了粉丝的购买欲。案例 2 中的主播却相反，不仅没有抓住粉丝的心理，还对服装信息不够了解，自然无法打动粉丝的心。

👆实战演练

直播卖货时，主播应该尽量找明星为自己的产品"代言"，准确地抓住粉丝的追星心理。

话术1

"宝宝们，这款衣服物超所值，明星×××也是这个品牌的忠实粉丝。明星的眼光一向都比较高，这说明我们的衣服品质真的很不错！大家的眼光也很不错！"

话术2

"这个品牌虽然不算大品牌，但是一直邀请明星×××代言，质量和品质都信得过。"

话术3

"这个品牌的衣服款式非常好，价格不算太高，而且最近爆红的明星×××也喜欢这个品牌的衣服！"

👆技巧点拨

技巧 1：利用明星效应让粉丝感到有面子

很多人觉得选择明星同款会更有成就感、更有面子，主播应该抓住粉丝的这种心理。主播可以这样说，"宝宝，你和明星的眼光一样，真有品位!""这款服装和明星 ×× 街拍照片中的衣服是同款。宝宝们穿上它,一定能吸引众人的目光!"

技巧 2:不能无中生有,也不能过分渲染

主播在平时要注意搜寻与自家品牌有关的明星的消息,不能无中生有、刻意虚构。同时,主播也不能过分地渲染明星,忽视服装本身的价值和优势。如果一味地介绍明星,却没有把服装、品牌和明星有效地联系起来,很可能起到反效果。

21 从众效应——"这是今年的爆款,主播已经留下一件!"

绝大部分人都有从众心理,更愿意选择爆款,更愿意接受明星或者大众认可的服装款式,而不太愿意冒险尝试别人没穿过的服装款式。很多粉丝都会这样认为:这一款服装销量好、粉丝多,就说明它质量好、款式流行;那一款服装销量差、关注度低,就说明它不是质量差就是款式过时了(见图4-2)。

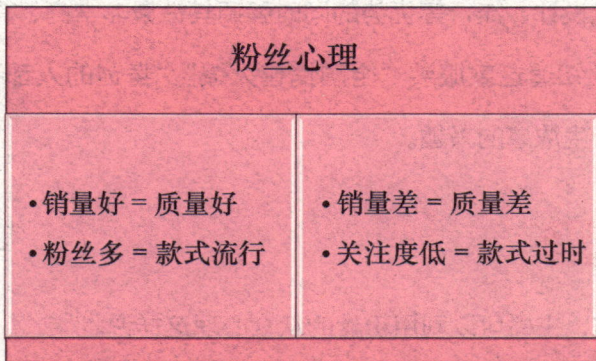

粉丝心理	
• 销量好 = 质量好 • 粉丝多 = 款式流行	• 销量差 = 质量差 • 关注度低 = 款式过时

图4-2 粉丝心理

案例回放

粉丝:"主播,你们的新款上市了吗?"

主播:"这一款 A 型连衣裙就是今年的新款!今年这个品牌的风格有些调整,添加了一些流行因素,看似没什么太大改变,可……"

粉丝:"好的,还有其他款式吗?"

解 析

当粉丝询问是否有新款上市时,案例中的主播的回答没有什么说服力,大大地降低了粉丝的购买热情。为什么会如此?主要有两个方面的原因:一是主播的回答过于简单,没有突出新款的卖点和优势,二是主播没有让粉丝认识到新款的受欢迎程度。

要想激发粉丝的购买欲望,主播就要善于利用粉丝的从众心理,在强调新款设计、流行等优势的同时强调其销量非常高、具有爆款潜质。当粉丝知道这款服装"全国销售火爆""身边的人都喜欢"时,很可能会产生浓厚的兴趣。

实战演练

直播时,主播可以利用粉丝的从众心理这样说。

话术1
"这是 ×× 品牌的春夏新款，设计时尚、青春，非常受年轻女孩的欢迎。我跟品牌方争取了 ××× 件，目前只剩下 100 件……"
话术2
"这个动物图案的设计实在太流行了，目前很多大品牌都采用这种设计。这是今年的爆款，主播已经留下一件，大家不要错过机会哦！"
话术3
"今年品牌方专门邀请设计师 ××× 打造了这一款衣服，要知道这位设计师眼光独到、设计前卫，打造了很多爆款。相信我们这款产品必将引领潮流，成为大众喜爱的爆款……"
话术4
"这款衣服非常抢手，很多粉丝已经下单，而且给了好评。看，这些都是粉丝给出的好评……"

技巧点拨

技巧 1：强调爆款，让粉丝了解服装的受欢迎程度

很多人都喜欢买爆款，因为爆款代表流行、受欢迎。主播要向粉丝说明服装的受欢迎程度和成为爆款的潜力，或者强调服装在某个群体中的畅销程度，坚定粉丝的购买决心。

技巧 2：不要营造"满大街都是"的景象

某款服装成为爆款，还可能造成一种大家不愿意见到的情形：满大街都是仿冒品。很多人并不喜欢和别人"撞衫"，因此主播应该及时做出解释，消除粉丝的这种顾虑。例如，主播可以这样说："虽然这是今年的爆款，但绝不是'烂大街'的款式，设计师为大家提供了丰富的配饰……"

22　限时——全网超低价，仅限今天直播时间

主播要善于营造紧张感、放大稀缺效应，不断强化"过了这村就没这店"的感觉，让粉丝产生尽快下单的冲动。限时低价、限时优惠都是很好的手段，它们可以让粉丝认识到：现在不下单，过一会儿就涨价了；现在不下单，便宜就占不到了。

主播在直播过程中应该反复强调"特价活动""活动时间有限""仅限本场直播""超低折扣，晚上 8 点秒杀"之类的信息，制造紧张感和稀缺感（见图 4-3）。

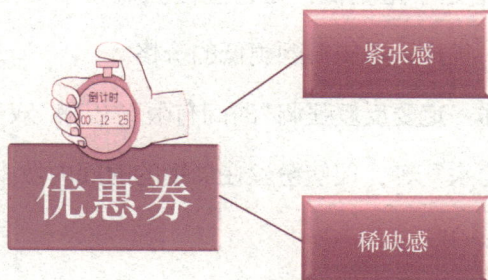

图4-3　限时优惠带来的紧张感与稀缺感

案例回放

粉丝："主播，这款衣服有什么优惠活动吗？"

主播："这两天就有活动，折扣力度非常大，宝宝们千万不要错过

这次机会哦！因为'双十一'来临，品牌方连续做了两次打折活动……"

粉丝："既然如此，过段时间价格可能还会再低吧？我再看看吧！"

解 析

几乎每个人都有"等待促销""等待更低价"的心理，都想用更便宜的价格买到更好的产品。案例中的主播虽然知道应该利用粉丝的这种心理，也强调了低价、打折等信息，但没有直接戳中粉丝的痛点，也没有营造出紧张的气氛。

主播说"品牌方连做了两次打折活动"时，粉丝就会想：既然已经打了两次折了，是不是还有下一次？"双十一"活动力度大，那么过一段时间价格是不是更低？尽管主播强调"不要错过这个机会"，粉丝仍会观望、犹豫，希望得到更低的价格。

因此，主播一定要反复强调"时间有限""仅限'双十一'当天""机不可失、失不再来"等，促使粉丝在最短的时间内做出购买决定。

实战演练

主播应该巧妙渲染紧张的气氛，刺激粉丝尽快下单。

话术1

"宝宝们，这款裤子是××品牌的经典款，现在直播间打出全网超低价——7折优惠！仅限本场直播，仅限直播间下单粉丝！错过这次,就没有这么好的机会了。即便'双十一''店庆'也不会有这么大的优惠力度……"

话术2

"这款裙子原价 500 元,现在为了回馈大家,主播跟品牌方争取到了秒杀价——245 元。秒杀时间是下午 3 点到 4 点,只有 1 个小时,过期不候!"

话术3

"宝宝们,今天是优惠活动最后一天,看中就赶紧下单吧!经常看直播的都知道,我们这次活动力度真的非常大,是不可多得的机会!活动还剩最后一天,明天就恢复原价,大家不要错过啊!"

技巧点拨

技巧 1:强调活动时间有限,强调截止时间

限时销售背后的道理很简单:人们都有趋利避害的心理,强化买不到的痛苦和损失,人们就会通过购买行为避免这种痛苦和损失。因此,主播在直播过程中一定要不断强调活动时间有限,强调截止时间,让粉丝意识到一旦犹豫就会错过购买时机,产生痛苦和损失。

技巧 2:强调优惠力度,突出价格的划算

限时销售、秒杀活动之所以很受粉丝的欢迎,是因为参加活动的产品具备很大的价格优势。如果活动价格不够低,即便主播再强调时间有限,粉丝也不会产生紧迫感。因此,主播一定要反复讲"价格是

史无前例的低"之类的话，强调优惠力度，让粉丝感觉自己占了"最大的便宜"。

23　限量——抓住粉丝"怕买不到"的心理

对产品进行限量销售，告诉粉丝"数量有限""非常紧缺""马上就买不到了"，粉丝就会产生一种"怕买不到"的心理，进而马上做出购买决定。

在销售领域，这被称为"匮乏术"，即产品数量越少，价格就越贵，人们的购买欲望就越强烈（见图4-4）。这是因为，每个人都想要变得与众不同，都想要得到别人得不到的东西。这正是限量版服装异常畅销的原因。

购买欲望越强

数量越少

图4-4　"匮乏术"

案例回放

主播："这款衣服设计时尚、流线感强，可以凸显胸部和腰部的线条美……"

粉丝："这件衣服很不错，可是价格有些贵了，我想打折后再买。"

主播："宝宝说的没错，打折的时候价格确实比现在便宜。可是，这款衣服是新款，而且很畅销，不知道什么时候才会打折……"

粉丝："可是我还是觉得它有些贵，我还是再考虑一下吧！"

解 析

粉丝提出"价格贵""打折后再买"，并不是真的不想买，而是没有找到能刺激其立即购买的点，所以购买欲望并不强。这时，主播应该介绍服装的优势，突出粉丝不买的损失，强调"现在不买，之后一定会后悔"，促使粉丝做出购买决定。

粉丝想要打折之后再买，这说明对方很喜欢这件衣服。此时，主播不用说"货源很足""之后可能会打折"之类的话，而应该强调"数量不多""衣服很畅销"，这类信息可以刺激粉丝产生"怕买不到"的心理，坚定粉丝的购买决心。

实战演练

当粉丝犹豫不决时，主播可以这样运用限量销售的技巧。

话术1

"这款裤子非常畅销，现在数量不足100条，而且直播间里面的很多宝宝表示非常喜欢，说要马上下单……不马上行动，就买不到了！"

话术2
"这是 ×× 品牌的限量版，全球只发售 ××× 套。目前，全国只有 ×× 套，货源非常紧缺……宝宝们，买到限量版的机会可不多，不要再犹豫了！"
话术3
"'双十一'特价优惠，数量有限。现在只剩下 10 套……只有幸运的人才能抢到最后的机会！赶紧下单吧！"

👆 技巧点拨

技巧 1：巧妙制造紧张情绪

一个人越紧张，就越急于做决定。主播应该利用这种心理，不断强调"数量不足""限量销售""只剩最后 ×× 件"等信息。服装数量越少、越抢手，粉丝就越紧张，越担心买不到好东西，越可能立即下单。

技巧 2：不给粉丝任何"希望"，让他们知道"过了这村就没这店"

限量销售的最大特点就是限制数量、货源不足。主播应该营造这样一种氛围：这是最后的机会，错过就没办法弥补了。主播不能给粉丝任何"希望"，要让他们知道：这次抢不到，以后就没有这么好的机会了。主播可以用"超低折扣，之后不会再有这样的机会了""只有 ×× 套，不会再补货了"等话语进行暗示，让粉丝不再犹豫或者等待。

技巧 3：让粉丝觉得自己一定会成为幸运者

在抢购的时候，每个人都觉得自己是最幸运的，能抢到别人抢不到的东西。主播在运用限量销售这种方法时，一定要通过赞美或鼓励来坚定粉丝的信心，让他们觉得自己一定会成为幸运者，促使其积极下单。

24 仅限本场——"宝宝们，只有本场直播才享受这个超低价！"

人们都希望自己成为重要人物，享受别人无法得到的特殊待遇。正是因为掌握了消费者的这种心理，各种商家才推出了五花八门的会员和 VIP 制度，为顾客提供独享的价格优惠或者特别的福利。加入会员或成为 VIP 的顾客感到自己被重视、被特殊对待，往往会产生更强的消费欲望。

直播时，主播也应该充分利用这种心理，让粉丝感到自己被重视、得到了别人没有的待遇。例如，主播可以为粉丝提供 VIP 福利，如红包、优惠券等；主播还可以告诉粉丝，某个特殊优惠只针对本直播间、只针对本场直播、只针对前 100 名下单的人等。

案例回放

粉丝："电商平台有这款衣服吗？与专卖店的价格是否一样？"

主播："宝宝们，电商平台和专卖店都有这个款式，版型、质量、标准都一样。不过，我这里肯定是全网超低价。主播和品牌方直接达成合作，只有本场直播才享受这个超低价……"

解 析

对不少粉丝来说，服装属于冲动型消费品，他们可能会因为某种感觉、刺激而做出购买行为。主播说"这个价格是全网超低价""只有本场直播享受这个价格"，"只有我的粉丝才享受折上折"时，粉丝会感到自己得到了特殊对待，自己是非常重要的人。粉丝的自尊心得到满足，自然就会对主播及其推介的产品产生好感。

实战演练

主播应该为粉丝提供一些特殊待遇，让粉丝感到自己特别受重视。

话术1

"宝宝们，加关注的粉丝不仅可以领红包，还可以享受折扣之外的优惠哦！这场直播我为大家争取到了超实惠的价格，下单的宝宝们可以享受'满300减30，再得赠品'的待遇……"

话术2

"本场直播的衣服品质没的说，价格也是超级优惠。而且这次超低价优惠只限本直播间，宝宝们可不要错过这次机会哦！因为这是其他平台无法享受的……"

话术3

"这是主播为大家争取到的超值优惠，时间有限、名额有限，仅限本场直播，仅限前100名下单的人……"

技巧点拨

技巧1：强调VIP待遇，满足老粉丝的自尊心

老粉丝基于之前的购买经验，已经对主播有了充分的信任，其复购率的高低将对主播的销售业绩产生重大的影响。因此，主播应该为老粉丝提供一些VIP待遇，让他们感到自己被特别重视、与别人不一样。

当然，主播也应该重视新粉丝，为他们提供一些不一样的特殊待遇，如加关注得红包、加关注得VIP资格等，让他们明白：只要多下单，就可以享受更多的优惠。

技巧2：与其他平台做对比，突出唯一性

要想让粉丝认识到自己的与众不同，主播就要适当地将自己的直播间与其他平台做对比。"其他平台8折，本直播间7折，只有本直播间的粉丝才能享受超低价优惠"之类的话很容易让粉丝得到心理上的优越感，进而产生更强烈的购买欲望。

25　促销信息一定要重复三遍

　　每个人都想花更少的钱买到更好的产品。每次"双十一""双十二"和"三八购物节"，只要电商、实体店和主播放出"超低折扣""满200减100""买一送一"之类的消息，人们就纷纷出手抢购。

　　主播要善于利用粉丝这种渴望获得优惠的心理，通过折扣、满减、优惠、赠品等制造惊喜，最大限度地刺激粉丝的购买欲望（见图4-5）。为了强化这些惊喜，主播要不断强调那些具有刺激性的信息。

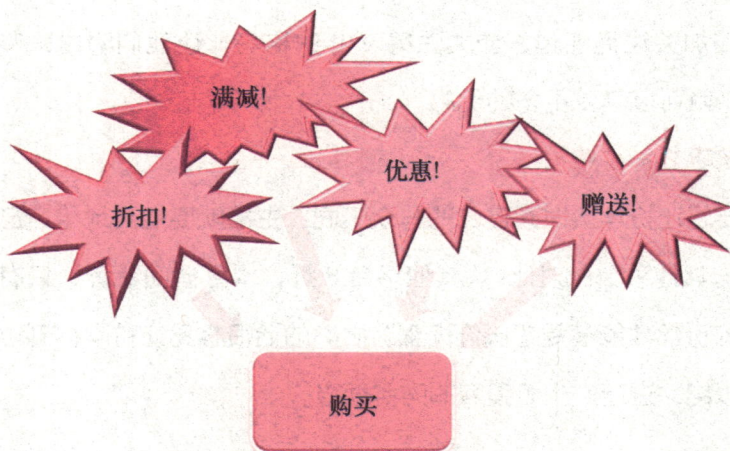

满减！

优惠！

折扣！

赠送！

购买

图4-5　刺激粉丝的购买欲望

案例回放

　　主播："这款外套是双面羊绒面料，舒适柔软、非常保暖，而且版型非常好……"

　　粉丝："羊绒外套价格很高，我还是看看其他的吧！"

　　主播："确实，双面羊绒是这两年来流行的高端单品，价格要比毛呢、单面羊绒高。不过，它贵在优选面料和精细的工艺，而且今天还有优惠活动，所有产品 9 折优惠……要是宝宝还是嫌价格高，主播可以推荐几款毛呢面料的外套……"

解　析

　　很多时候，粉丝嫌价格贵、想要折扣并不是贪图廉价的产品，而是想用更低的价格买到质量好、品牌好的产品。案例中的主播先强调双面羊绒与毛呢、单面羊绒的区别，突出其与众不同的价值，接下来提到了优惠活动，之后应该继续强调这一优势，让它成为粉丝心中的一大卖点。当粉丝知道主播已经提供了极大优惠，感觉买下它非常划算时，态度就会松动。

　　但是，主播并没有继续强调优惠信息，而是开始推荐更便宜的产品，这种做法瞬间浇灭了粉丝的欲望。粉丝可能会想："你看不起我吗？为什么向我推荐次一等的产品？"这样一来，主播不仅无法促使粉丝下单，还可能失去这位粉丝。

实战演练

　　主播应该利用粉丝想要获得优惠的心理，反复强调产品的优惠信息。

话术1
"'双十一'特价优惠，满 100 减 10、满 200 减 30、满 300 减 50，买的多、减的多。这次活动力度超大，宝宝们现在下单太超值了……"

话术2
"现在再次强调一下，直播结束前 10 分钟秒杀！直播结束前 10 分钟秒杀！所有秋装超低价秒杀！直播结束前 10 分钟秒杀！大家千万不要错过！"

话术3
"今天是七夕，是我国传统的情人节。这款服装单品是 8.5 折，而情侣套装则是 7 折！宝宝们，这是情侣们的特殊优惠，只要 7 折！千万不要错过这个惊喜！7 折优惠，真的不容错过！"

👆 技巧点拨

技巧 1：重要信息重复三遍

在直播的过程中，因为种种原因，很可能会有部分粉丝没有听到促销信息。主播应该多重复几次重要信息，让所有粉丝都获得完整、准确的促销信息，尽可能增加成交机会。

技巧 2：放慢语速、加重语气

要想强调某一信息，让接收者印象更加深刻，除了多重复几次，还应该改变语速、语调和语气。主播在介绍促销、优惠活动时应该放慢语速、提升语调、加重语气，在听觉上给粉丝更大的冲击。

技巧 3：强调优惠活动的起止时间

主播要想用优惠、打折、满减等信息紧紧抓住粉丝的心，不仅要重复这些信息，还要强调活动的起止时间，让粉丝知道优惠是有时间限制的，不是随时可以获得的。如此一来，粉丝才会产生紧张感和购买的冲动。

26 转折式连续惊喜——低价、打折、送赠品

用优惠、折扣吸引粉丝时，主播要先给出一个惊喜，增强粉丝下单的欲望，再给出一个惊喜，不断地刺激粉丝。这种促销手段就是所谓的"转折式连续惊喜"（见图 4-6），其步骤是：先说明产品的价值、优势，给出低价优惠，再在优惠的基础上打折或者满减，最后送出赠品。对粉丝来说，这一连串惊喜的诱惑是巨大的。

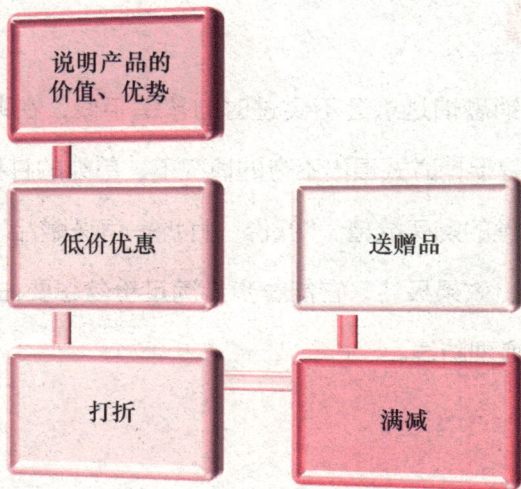

图4-6 转折式连续惊喜

案例回放

粉丝："今天有什么好产品？有什么优惠活动？"

主播："感谢宝宝们的支持，今天我推荐一款羽绒服，××品牌推出的新款，保暖性非常好、时尚感很强……这款羽绒服原价1999元，但是只有今天，只有在我们直播间，价格是1399元……今年是××品牌创立20周年，品牌方为了回馈新老顾客，在1399元的基础上再打8折，厂家直接发货！除此之外，我还会再送一套羽绒服专用洗涤剂！"

"再强调一遍，这款羽绒服原价1999元，直播间特价1399元，打8折后1119元，超低价！这还不算，我们还送大家一套专用洗涤剂！宝宝们立即下单吧！抢到就是赚到，抢不到可要后悔了！"

解析

打折、促销恐怕是永远不会过时的营销手段，在购物节、会员日、节日特惠等促销方式层出不穷的情况下，单纯的打折、促销并不能有效激发粉丝的购买欲望。"低价—打折—再送赠品"能够制造转折式连续惊喜，效果极佳，它能一步步满足粉丝想要占便宜的心理，一步步突破其心理防线。

实战演练

主播应该这样一步步强化优惠力度，给粉丝带来一连串惊喜。

话术1
"'双十一'特价优惠，直播间全场满 100 减 10、满 200 减 30。除此之外，主播手里的这款羊毛衫还有特殊优惠，前 10 名下单的粉丝可获得现金大红包，还可以获得店铺的专用优惠券……"
话术2
"今天来直播间的粉丝有福利了，这款衣服超低价优惠，只有 6 折，只有 6 折！之前的优惠活动，打折和赠品只能选择一个，而今天，只有今天，宝宝们不仅可以获得超低折扣，还可以获得超值赠品！"

技巧点拨

技巧 1：惊喜要一步步营造，不能一股脑全部倒出

主播在制造惊喜的时候，千万不能操之过急，不要一股脑把所有优惠活动都说出来。主播如果直接说"今天大家有福利了，我们有超低价、折扣，还有超值赠品"，就会削减优惠的力度，无法给粉丝最大的冲击和刺激。

技巧 2：给粉丝一个理由，让优惠、折扣看起来更合理

主播要给粉丝一个好理由，让连续给出的优惠、折扣看起来很合理，否则粉丝就可能会质疑产品的品质。理由有很多种，常见的有只卖孤品、店庆、"双十一"活动、新品上市、品牌周年庆等。

27　让粉丝感觉到优惠是自己独享的

独占心理很常见，人们总是想要独占优惠、独享某种便宜。主播应该充分利用这种心理，多强调优惠的唯一性，让粉丝感到这种优惠只针对自己，别人无法享受。

主播要有技巧地组织语言，突出优惠的专有性和特殊性，如"老粉丝可以扫码领券""前10名下单加送赠品"等（见图4-7）。

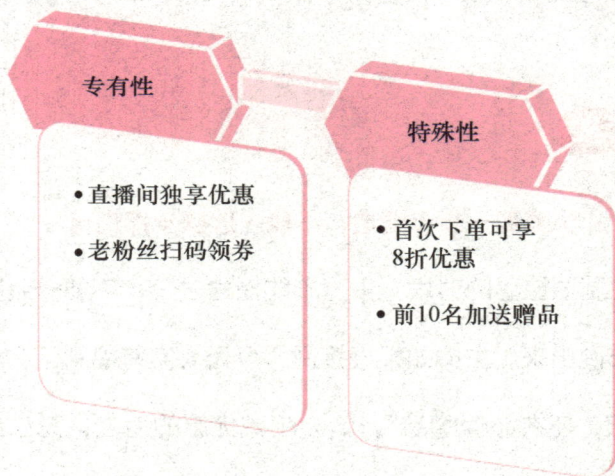

专有性
- 直播间独享优惠
- 老粉丝扫码领券

特殊性
- 首次下单可享8折优惠
- 前10名加送赠品

图4-7　主播要让粉丝感到自己获得了独享优惠

案例回放

粉丝："老粉丝没有优惠吗？怎么和新粉丝一样，只享受最基本的折扣？"

主播1："这个折扣是品牌方规定的，全网都是这个折扣，我也没有办法啊！"

主播2："不好意思，我也没有办法。既然您是老粉丝，肯定时常来我们直播间，您应该知道，我们的优惠力度真的已经很大了……"

解 析

案例中的两位主播根本没有解决老粉丝提出的问题，更没有安抚粉丝的不满情绪，回答过于简单、粗暴，老粉丝一定会觉得自己被忽视、怠慢，也不可能下单。

老粉丝想要获得被重视的感觉和特殊的优惠，主播应该肯定其想法，尽可能满足其需求，让他们感到自己可以独享特殊优惠。即便主播真的无法给予特殊优惠，也应该把话说得委婉一些。

实战演练

当粉丝询问相关优惠、折扣时，主播可以这样应对。

话术1

"虽然这款衣服的折扣是品牌方规定的，但为了回馈老粉丝，我们直播间会给粉丝们返利，前10名下单的粉丝可以领取优惠券……"

话术2

"宝宝，感谢您对主播的支持。其实，我们直播间的折扣是全网超低的，这个折扣只针对直播间的粉丝，其他平台都没有这个力度。不过，宝宝们请放心，我会马上和品牌方协商，看看能否给老粉丝一个特殊优惠……"

话术3

"宝宝们，这款衣服是××品牌的经典款，我们是全网唯一促销方，电商、专卖店都是原价销售。所以说，这已经是我给老粉丝们的特殊优惠……"

技巧点拨

技巧 1：强调优惠是粉丝独享的

主播可以对粉丝说"这次的优惠活动是为了回馈老粉丝""前 10 名下单的人可以得到特殊优惠""最后 10 件了，现在下单可以得到额外优惠""第一次下单的粉丝可以享受 8 折优惠"，强调优惠是粉丝独享的，促使粉丝因为特殊待遇而快速下单。

技巧 2：说话要委婉，不要过于直接

当无法满足粉丝的要求时，主播需要把话说得委婉一些，不能直接拒绝，否则就会让粉丝产生挫败感甚至反感。例如，主播不应该说"对不起，我不能给您特殊优惠"，而应该说"您得到的已经是特殊优惠了"。

28 "羽绒服越早买越便宜，越往后越贵！"

打折是正常的促销手段，反季促销虽然违反了粉丝的固有认知，但可以得到很好的促销效果。例如，在夏季促销羽绒服、毛皮大衣、毛衣等冬季服装时，主播要让粉丝感受到反季购物可以获得巨大实惠，越早买越便宜。当粉丝认为自己不是在购买"过季旧款""滞销款式"，而是在获得超值优惠时，就更愿意快速下单（见图4-8）。

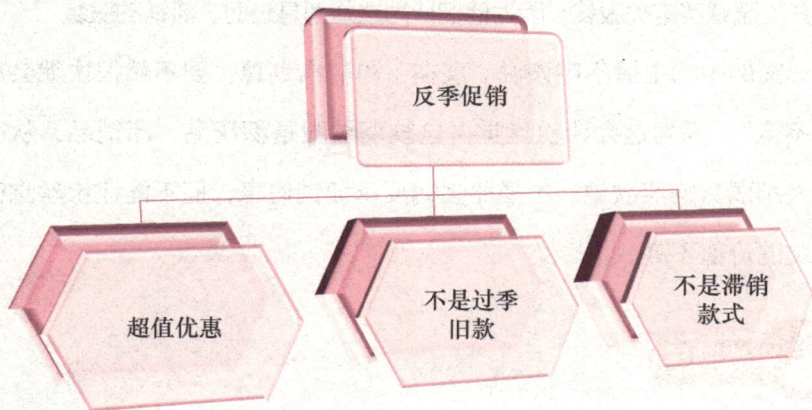

图4-8 反季促销

案例回放

主播："今天主播推荐一款羽绒服，原价 1899 元，现价 988 元。这款羽绒服是去年冬季的经典款，销售非常火爆，现在购买真的超级实惠。"

粉丝："现在是夏天，主播怎么推荐羽绒服呢？"

主播："宝宝们都知道，这款羽绒服去年的销量非常好，品牌方把它当作主打款……宝宝们现在下单非常划算，要不然很快就会尺码不全……"

解 析

有些粉丝为了获得优惠、折扣，愿意买断码、清仓的服装，因为只有在断码、清仓的情况下，服装的价格才会降到很低。但是，也有一些粉丝并不愿意买这类服装，因为他们认为这些都是过时、滞销的服装。

案例中的主播不应该说"现在下单非常划算，要不然很快就会尺码不全"，因为这会让粉丝觉得这款羽绒服是积压品、滞销品，从而大大削弱其购买欲望。主播要强调反季促销信息，但不能让粉丝觉得服装的价值不高。

实战演练

做反季促销时，主播可以这样说。

话术1

"夏季买羽绒服，价格超级划算。现在988元这个价格，要比去年'双十一'时还低，还不到原价的5折。最重要的是，羽绒服穿一两年都不过时，尤其是这种经典款式，宝宝们没必要非追求新款……"

话术2

"虽然这款大衣是去年的款式，但它的设计一点都不过时，大衣衣领的设计很有个性，袖口设计也非常抢眼，而且双面羊绒面料这两年非常流行……宝宝们现在下单可以花更少的钱买更有品质的衣服，真的超值……"

技巧点拨

技巧1：强调价格的同时也要突出服装的价值

反季促销最大的卖点就是折扣力度大、价格低，主播在直播时一定要强调价格优势，但也不能忽视服装的价值和优势，包括设计、面料、不容易过时等，否则粉丝会觉得主播这么说只是为了帮助品牌方清仓，服装的价值实际上比售价还低。

技巧2：告诉粉丝这个品牌只有换季时才有这么低的折扣

主播应该告诉粉丝，这个品牌只有在换季时才有这么低的折扣，正常的价格比现在高出很多，如果错过这个机会，服装就会停产，再也买不到了，或者直接恢复原价销售。

29 巧妙应对"便宜没好货，特价没好货"

很多人认为"便宜没好货，特价没好货"。面对这种固有认知，主播应该给出有说服力的证据，如库存、换季、特惠活动等，让粉丝明白服装降价的原因。

面对"便宜没好货"的质疑，主播的回答不能太简单、太笼统，否则就可能使粉丝直接放弃购买。主播应该强调服装自身的价值，如质量好、款式不过时、品牌信得过等，提升服装对粉丝的吸引力。

案例回放

粉丝："特价的衣服质量会不会太差？"

主播："请宝宝们放心，衣服的质量肯定没问题。"

粉丝："促销的衣服是不是质量都有缺陷，要不然为什么这么便宜？"

主播："我们的衣服质量肯定没问题。要是您想要新款，我们这里也有，但是价格会高一些……"

解析

显然，主播针对这两个问题的回答都是不恰当的，很容易让粉丝跑掉。主播说"衣服的质量肯定没问题"，没有给粉丝足够的理由，无法消除粉丝的疑虑；主播说"您想要新款，我们这里也有，但是价格会高一些"，很可能会让粉丝觉得主播看不起自己。

服装是季节性产品，商家或品牌方常常因为过季、断码、清仓而做促销活动，这是非常正常的。主播应该告知粉丝降价促销的具体原因，同时强调质量没问题，让粉丝认为自己买到了高性价比的服装。

🖐 实战演练

当粉丝提出"特价衣服没好货"时，主播可以这样应对。

话术1

"宝宝，不用担心质量问题，我们这一款衣服做特价活动不是因为质量有缺陷，而是因为当季销售火爆而出现了断码。目前其他渠道已经没货了，主播这里也只剩下 ×× 件，所以才特价促销……"

话术2

"我们这次做促销活动，目的就是为了换季清仓。衣服的质量完全是一样的，面料都是一个批次……宝宝们现在下单，只需半价，实在太划算了！"

话术3

"这个品牌的衣服质量肯定没问题，宝宝们看看这个吊牌，保证是正品。因为主播和品牌工厂直接合作，省去了很多中间环节，所以价格特别优惠！"

🖐 技巧点拨

技巧1：不要直接否定粉丝的想法

当粉丝提出质疑时，主播不应直接否定其想法，不要说"你这个想法是不对的"之类的话，以免粉丝产生排斥心理。主播应该先肯定粉丝的想法，说"你说的有点道理"或"我理解你的想法"，消除粉丝的敌对情绪和戒备心理，然后再阐述自己的观点。

技巧 2：给出合理的解释和有力的证据

对于降价促销，主播必须给出合理的解释和切实有力的证据，如断码、换季等，让粉丝相信特价促销并不是因为服装质量差、有缺陷。

30　用小数点、非整数营造价格便宜的感觉

很多粉丝发现一个现象：不论是超市、商场还是电商平台的服装，标价都带有小数，或者不是整数。例如，一件 T 恤的价格为 69.9 元，而不是 70 元；一件大衣的价格为 599 元，而不是 600 元。

其实，商家就是想利用小数点和非整数定价，让顾客感觉产品很便宜，从而刺激其购买欲望。主播也要学会巧妙而精准地报价，千万不能为了省事而忽略小数，更不能直接报整数。

案例回放

粉丝："主播，这款运动服多少钱？"

主播："宝宝，这款运动服不到 600 元（标价为 597 元），是 ×× 品牌春季主打款，明星代言的……"

主播："宝宝，这款 T 恤 200 元（标价为 199.9 元）……"

粉丝："这个价格有些贵……"

解　析

600 元和 597 元只差 3 元，案例中的主播忽略了这 3 元，报出整

数 600 元。这直接导致粉丝放弃购买，因为粉丝感觉价格有些贵。

与整数相比，597、599、199.9 这样的数字显得更小。这也是为什么很多超市、电商的标价为 598 元、599 元，而不是 600 元、601 元。虽然两个数的差额很小，但顾客却觉得相差很多。

主播应该利用这种心理，精确地报出产品的价格，让粉丝产生"价格比较便宜"的感觉。

👆 实战演练

直播时，主播应该利用小数点、非整数来巧妙报价。

话术1
"这款衣服性价比非常高，我现在给出超值优惠价 567 元。为了回馈粉丝的支持，今天再给宝宝们打 8.8 折，低至 498.9 元。"

话术2
"宝宝们，这款大衣的价格有些小贵，品牌统一价是 1297 元。不过，这个价格在同一级别的品牌中算是很低的，其他品牌类似材质、款式的大衣都标价两三千元……"

话术3
"宝宝们，这款衣服的价格是 999.9 元，几乎是成本价，目的就是回馈粉丝们的支持……不到 1000 元就能买到不错的品牌，真的超划算……"

技巧点拨

技巧 1：报出小数点后的数字

主播应该抓住人们都爱占便宜的心理，报出价格后面的小数，让粉丝认为自己已经给出了最大限度的优惠，甚至精确到了小数。主播报出的价格越精确，越能突出服装的价格优势。

技巧 2：对比价格，突出服装的性价比

粉丝永远都想花更少的钱买到更优质的产品，主播在巧妙报价后还要通过与同类产品的对比、相同产品不同时期价格的对比来突出产品的性价比。如果只是一味强调低价，没有进行适当的对比，恐怕也没有太大的说服力。

第五章

消除疑虑，给粉丝购买的理由

粉丝在下单前，心里常常对产品有一些不认同、有顾虑、有怀疑的地方。如果不消除这些疑虑，主播就无法继续进行促单。因此，主播应该正确应对粉丝的疑虑，巧妙地化解它们，以增强粉丝的信心，为成交打好基础。

不否定、不抬杠，巧妙化解粉丝对
款式的异议

31 "这样的款式有些过时了，我不太喜欢！"

直播时，主播会推荐一些基础款、大众款的服装，或者设计不那么个性、前卫的服装。这时，那些追求时尚、流行的粉丝就会提出质疑，如"这样的款式过时了""这个设计已经不流行了"。

此时，主播不能直接否定粉丝，而应该从服装的质量、亮点入手，将其转化为卖点，从而让粉丝回心转意（见图5-1）。

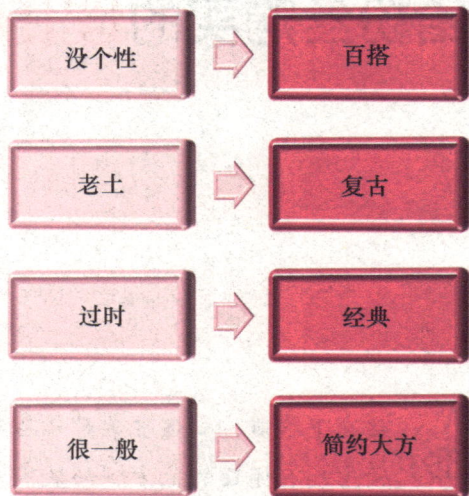

没个性	⇒	百搭
老土	⇒	复古
过时	⇒	经典
很一般	⇒	简约大方

图5-1 换个说法，突出服装的优势和卖点

👆**案例回放**

主播："今天我们推荐一款外套，喜欢的宝宝们来看看。"

粉丝："这款外套感觉款式过时了，我不太喜欢！"

主播："不会啊！怎么会过时呢？主播推荐的衣服都挺时尚的，喜欢的人也非常多！"

解析

很多粉丝追求时尚、潮流，对款式、设计的要求非常高。如果主播推荐的服装不具有当下的流行元素，或者款式是基础款，他们就会觉得服装款式过时了。

此时，主播不能直接否定这些粉丝，否则只会让情况更加糟糕。"不会啊！怎么会过时呢"这样的说法直接否定了粉丝，并且没有针对粉丝的质疑做出解释，很容易引起粉丝的不满和排斥。而"主播推荐的衣服都挺时尚的，喜欢的人也非常多"这句话毫无说服力，还会让粉丝怀疑主播的眼光和品位，甚至彻底"脱粉"。

实战演练

当粉丝认为主播推荐的服装过时、老土时，主播可以这样应对。

话术1

"这款衣服采用了条纹元素，虽然不是什么时尚元素，但的确是经典设计元素。竖条纹的元素加上收腰的设计能够凸显身体的线条和端庄的气质。宝宝们看看主播试穿的效果，是不是感觉非常不错？"

话术2

"宝宝，这款衣服的设计非常有个性，是这个品牌的首席设计师设计的。圆领设计可以拉长颈部，显得有些小性感。这款衣服的修身效果也非常好，穿起来显得身材特别修长……"

话术3

"宝宝，你说的没错。这款毛衣确实是大众款，简约、大方但不过时。毛衣的款式不需要太个性，简约、大气就可以了。你说对吧？而且这款毛衣是海马毛的，质地非常软，穿起来非常舒服……"

👆 **技巧点拨**

技巧1：不能简单、直接地否定粉丝的观点

当粉丝提出异议时，主播不能简单、直接地否定，不能说"怎么会过时"这类否定的话，否则只会把粉丝推向自己的对立面，导致销售失败。

没有人喜欢被否定，粉丝更是如此。主播应该用委婉的方式来缓解气氛，询问粉丝觉得服装过时的原因，然后进行解释和推荐。

技巧2：不盲目推荐其他款式

很多主播为了迎合粉丝，会直接说："你的眼光真不错。你喜欢前卫、个性的服装，那么我给你推荐其他款式吧！"这种做法并不见得有效，因为你说这样的话就相当于承认自己推荐的产品"过时""老土"，此时粉丝会对你的眼光产生怀疑，也很难再相信你的推荐。

而且，粉丝说服装过时、老土，并不意味着他就喜欢前卫、个性的款式，盲目地推荐其他款式恐怕会再次碰壁。

技巧 3：突出服装的特色和优势

主播应强调服装的特色、优势，如面料好、性价比高、简约大方等，让粉丝把关注的焦点转移到这些方面。当粉丝认同主播的说法时，自然就不会过于在意款式过时不过时了。

32 "这款衣服不太适合我！"

每个人的审美不同，选择服装的眼光也有所不同。主播推荐一款服装，粉丝可能提出各种各样的质疑，如"颜色太深，不适合我""有点紧，不适合我""太成熟了，显得老气"等。

面对这种情况，主播若是直接否定粉丝，就容易让粉丝产生误会，以为主播在嘲笑自己不懂审美；直播若是直接说"哪里不适合，穿着效果非常好"，则会让粉丝觉得主播在欺骗自己，只顾着把服装卖给自己。

此时，主播要先了解粉丝的想法和需求，让粉丝明白自己站在他们的立场上，能够为他们提供合理的建议。

案例回放

粉丝："主播，这个品牌的衣服有其他款式吗？"

主播："宝宝，这款衣服是今年的新款，也是这一品牌的主打款，在年轻人群体中非常受欢迎……"

粉丝："这款式太年轻了，不适合我。"

主播："怎么会不适合呢？这款服装就是为二十六七岁的年轻人设计的，时尚、大方，非常适合你这个年龄……"

解 析

案例中的主播回应粉丝的质疑时过于武断，直接断定对方是年轻人，一定适合穿这款衣服。若粉丝已经超过 30 岁，或者更年长一些，肯定不会对主播的回应感到满意。

"怎么不适合"这句话带有否定意味，而且还带有强烈的质问、怀疑语气，容易让粉丝觉得主播有些咄咄逼人。

实战演练

当粉丝认为主播推荐的服装不适合自己时，主播可以这样应对。

话术1

主播："宝宝，你为什么觉得这款衣服不适合自己呢？"

粉丝："这款衣服颜色有些深，穿起来显得有些老气！"

主播："没错，这款衣服确实主打深色系，但它穿起来并不显老气。宝宝，你看，这个海水蓝的颜色看起来非常端庄大方，设计上添加了印花元素、流苏设计，给人俏皮、个性的感觉。这款衣服穿起来不显老，反而衬托出您的身材和肤色……"

话术2

粉丝："这款衣服太显年轻了，不适合30多岁的我，还是算了吧！"

主播："这款衣服比较年轻化，但并不张扬，穿起来优雅中透出一丝活力，你这个年龄穿起来也非常合适啊……"

技巧点拨

技巧1：不针锋相对，不讽刺粉丝

当粉丝提出质疑时，主播应该耐心询问粉丝为什么觉得不合适，而不能直接否定粉丝，与之争锋相对，甚至讽刺粉丝。"你什么眼光？这还显老""显年轻还不好吗"这类讽刺、嘲笑的话语只会让主播失去更多的粉丝。

主播应该了解粉丝的真实想法，通过真诚的赞美和有效的建议帮助粉丝建立信心，做出正确的选择。在表达不同意见时，主播应该尽量先表示同意，再说出自己的意见。

技巧2：提供专业的建议，把产品卖点与粉丝联系起来

粉丝不需要主播盲目的认同和推荐，而是需要专业的建议。很多时候，粉丝说"不适合"并不是表示拒绝，而是对自己不自信，或者不知道产品是否适合自己。

此时，主播应该利用专业知识、个人经验为粉丝提供专业的建议，把服装的优势、特色与粉丝自身的特质联系起来（见图5-2）。

当然，主播不能信口开河，不能把不适合粉丝的服装强行推荐给他们。

图5-2　如何应对粉丝的质疑

33　"感觉衣服太花哨！"

主播有时候会推荐一些比较特别的服装，或是款式设计比较前卫，或是颜色搭配比较鲜艳，或是风格类型比较特殊。在推荐这些服装的时候，难免会有一些粉丝表示质疑，提出"这件衣服会不会太花哨、太夸张"等。

面对这种情况，主播如果直接否定粉丝的观点，难免让粉丝感到不舒服；但如果肯定了粉丝的说法，就无异于否定自己推荐的服装和自己的审美。

在这种进退两难的局面中，我们应该如何应对呢？

案例回放

主播："这是今年十分流行的款式，大家可以来一件试试。"

粉丝："感觉有些太花哨了呀！"

主播："怎么会花哨呢，可能是您不习惯吧？您要是不喜欢这种风格，可以等一等，待会我们还会推荐别的款式。"

解 析

"怎么会花哨呢，可能是您不习惯吧"这句话直接否定了粉丝的异议，不仅没有打消粉丝的疑虑，反而把责任全部推到了粉丝的身上。

主播说"您要是不喜欢这种风格，可以等一等，待会我们还会推荐别的款式"或许是为了安抚粉丝，但实际上这是一种非常消极的应对方式，等于直接承认了粉丝的观点，否定了自己的推荐。这样说既无法挽回粉丝的好感，还可能让粉丝觉得继续待在直播间纯属浪费时间。

实战演练

当粉丝认为服装太花哨时，主播可以这样应对。

话术1

"这样的设计其实很独特，而且更不容易'撞衫'，穿上以后别致又时尚，还能吸引别人的目光。"

话术2

"快要过年了，大家都要走亲访友的，'撞衫'了很尴尬。这次我们特意进了一批设计独特又新颖的衣服，让您穿出去不会'撞衫'。大家看看，这款跟以前的版型很像，但是这个拉链做成了非常独特的'S'形，很有特点，我试穿一下给大家看看效果。"

话术3

"这种设计确实比较大胆。但今年这几种款式挺流行的，所以我们就选了这些很有特点的服装。如果您的肤色比较白，穿上这种款式肯定不会显得花哨的，下面如果搭配一条紧身牛仔裤一定会特别时尚。"

技巧点拨

技巧1：化缺点为优点

很多时候，粉丝觉得衣服太花哨，未必就是真的不喜欢这件衣服，而是不清楚自己能不能"压"得住这件衣服。在这种时候，聪明的主播懂得化劣势为优势，从另一个角度去解读。例如，优秀的主播会将花哨诠释为时尚、独特、别致，很能吸引别人的目光（见图5-3）。像这样换一种说法，也许很快就能打消粉丝的疑虑。

图5-3 花哨的另一种释义

此外，主播还可以根据衣服的款式为粉丝设想一些场景，告诉粉丝这件衣服适合在什么样的情况或场合穿。这样做既不会让粉丝感到自己被否定和冒犯，还能让粉丝感受到主播的贴心。

技巧2：巧妙转移话题

对花哨进行重新诠释、打消粉丝的疑虑之后，主播可以进一步引导粉丝，将话题转移到服装的搭配技巧上。一方面，主播可以向粉丝介绍一些这类服装的搭配技巧，彰显自己的专业性；另一方面，主播还可以告诉粉丝什么样的肤色与这类服装更匹配，从而更精准地锁定潜在消费者。

34 "这款打底裤，如果起球你可以来找我！"

粉丝都希望买到质量过硬的服装，因此他们针对服装质量提出质疑是非常正常的现象。如果粉丝对某个品牌不了解，或者之前买过质量差的服装，那么这种质疑就会更强烈。面对这种质疑，主播要做的是对质量做出承诺，让粉丝看到自己对产品有足够的信心。

案例回放

粉丝："这种纯棉材质的衣服很容易缩水、起球，你们这款衣服会不会有这样的问题啊？"

主播："你说的没错，很多纯棉衣服确实存在缩水、起球的现象。不过，我可以保证，这个品牌的纯棉面料是经过特殊工艺处理的，不会出现缩水、起球的情况。"

粉丝："真的是这样吗？"

主播："宝宝，你可以仔细看看，这面料非常细致、纤维柔软，穿起来非常舒适。只要不用太烫的水浸泡，不用劲揉搓，肯定不会缩水、起球。"

解析

下单前，粉丝通常会犹豫不决，可能会想"这款衣服的质量是否有保证""之前就买过质量不好的衣服，这次会不会还有问题""要是质量不好怎么办"等。面对粉丝的顾虑，主播不能只说"我们的衣服质量肯定没问题"或者"你之前买的衣服怎么能和我们的衣服比"。

前者没有任何说服力，只会让粉丝认为你是"老王卖瓜，自卖自夸"；而后者攻击性太强，很容易引发矛盾。主播要对服装质量做出保证，还需要拿出证据，让粉丝对自己和服装产生信任感。案例中的主播应对得非常好，不仅化解了粉丝的疑虑，还突出了服装的价值。

👆 实战演练

粉丝对服装质量没信心、提出质疑时，主播可以这样应对。

话术1

"宝宝，你的担心我很理解，现在确实有很多衣服质量并不好。不过，你放心，我们的衣服都是经过严格质量检测的。您看，这是检测报告……而且，我推荐的衣服都是知名品牌，线上线下的质量都是一样的，你可以到专卖店对比……"

话术2

"我们的衣服质量是有保证的。我已经做了3年直播了，电商店铺销量也不错。如果我说谎，销量不可能上去的。宝宝，你说是不是？"

话术3

"这款打底裤非常保暖、显瘦，采用羊羔绒面料，柔软舒适。同时，面料不会起球、抽丝。如果出现抽丝问题，宝宝可以直接来找我……"

👆 **技巧点拨**

技巧 1：积极回应，不逃避、不争辩

面对粉丝对服装质量的质疑，主播内心肯定有不舒服的感觉，这是可以理解的。但是，主播不能逃避、争辩，更不能因为冲动与粉丝争吵起来。一旦控制不住自己的情绪，不仅会导致销售活动失败，还可能影响个人形象和信誉。

技巧 2：给出证据

主播要对服装有信心，并从质量、口碑等方面入手，提供有力的证据。若一味地说"您放心，我们的品牌是一流的，质量是很好的，肯定不会有问题"，却无法提供任何证据，自然无法说服粉丝。

技巧 3：给出承诺，做出保证

要想消除粉丝的顾虑，主播就应该敢于给出承诺，减轻或消除粉丝所承担的风险（见图5-4）。例如，主播可以说"保证正品、专柜验货、假一赔三"。

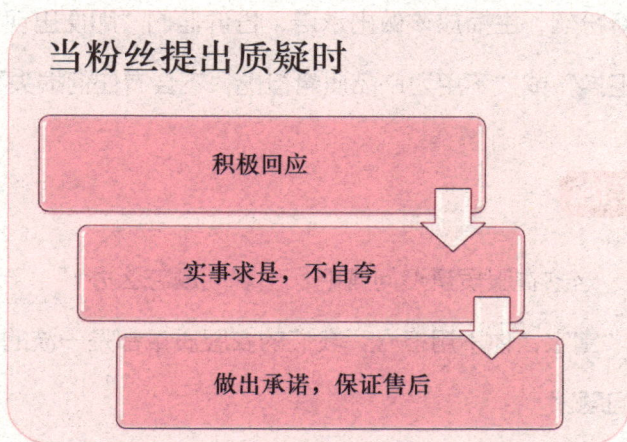

图5-4 如何应对粉丝的质疑

35 "有任何质量问题，7天内可以退换！"

不少新粉丝没有安全感，怕买到劣质产品、花了冤枉钱。下单前他们会考虑"如果我对质量不满意，是否可以退换"（风险问题）或者"主播会不会骗我，我是否买了假货"（信任问题）等问题（见图5-5）。

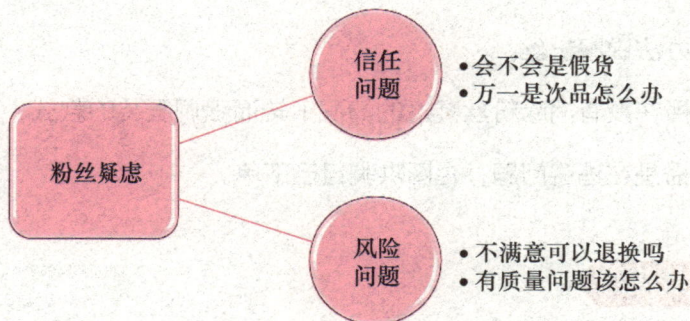

图5-5 粉丝下单前的两大疑虑

面对新粉丝，主播应该做出承诺，告诉他们"即便出现问题，也可以免费退换"或"不用为产品质量担忧，不会有任何损失"。

案例回放

粉丝："这款衣服质量没问题吧？出现问题怎么办？"

主播："宝宝，你不用担心，我们的衣服质量都是一流的，从来没有出现过问题。"

粉丝："你是卖家，你当然会这样说。卖家都会夸自己的衣服好！"

主播："不是我自卖自夸，我们的衣服确实质量好。你看这款式多时尚，很衬你的身材和气质……"

解 析

针对粉丝对服装质量的担心，案例中的主播并没有给出有效的回答。主播只是一味地向粉丝保证质量没问题，却没有给出具体、有力的证据，更没有拿出有效的解决措施。所以，主播的话显得苍白无力，根本没办法说服粉丝。

主播在没有消除粉丝疑虑的情况下转而强调服装的款式，粉丝会认定主播是在逃避问题，企图哄骗自己下单。

实战演练

粉丝对服装质量没信心、担心承担风险时，主播可以这样应对。

话术1

"宝宝，我们的衣服是 ×× 品牌的，质量非常不错。不过我也理解你的担心，若是真的发现质量问题，我们可以提供 7 天免费退换服务，或直接退款给你！"

话术2

"宝宝们，我们承诺 7 天无理由退换货，只要你对产品不满意，在不影响第二次销售的情况下，我们将为你免费退换。"

话术3

"你完全可以放心下单，现在下单真的非常划算。若发现衣服有质量问题，我们会无条件按照你的意愿来退换，而且还不用你承担运费。这样一来，你不需要承担任何风险……"

👆技巧点拨

技巧 1：做最坏的打算

即便主播对自己的服装有信心，也不能保证百分之百不会出问题，因此主播需要做最坏的打算——假设服装真的会出现问题，而这种最坏的结果应该由主播自己承担，不能让粉丝来承担。主播可以承诺"无条件退换货"，保证粉丝不会承受任何损失。如此一来，粉丝就不会为是否担风险而犹豫不决，下单的积极性就会大大提升。

技巧 2：避免使用"也许""可能"等词语

要想让粉丝放下戒备，主播说话时就不能含糊不清，一定要避免使用"也许""可能"等词语。如果主播说"如果你对质量不满意，我们可以为你换货，可能会退款给你"，粉丝肯定觉得主播是在敷衍自己。连主播自己都对产品没信心，粉丝又怎么能对产品有信心呢？

36　"如果出现色差大的问题，我可以免费为你退换！"

在线上购物看不到实物，再加上现在美颜、滤镜工具的效果特别强大，粉丝自然会对服装的色差问题产生顾虑。主播要想打消粉丝对色差的顾虑，就不能大包大揽、一口否定，因为这样说没有太大的说服力。主播应该以委婉的方式说明自己的服装不会有色差大的问题，或者做出售后保证，让粉丝看到自己对服装的信心。

案例回放

粉丝："这款衣服的颜色我非常喜欢，但实物会不会有色差？很多主播直播时使用滤镜，看起来效果非常好，可实物的颜色却相差很多。色差太大了！"

主播："宝宝，你不用担心，我们采用实物拍摄，没有经过调色，没有使用美颜、滤镜，不会有色差的问题。"

解析

造成色差的原因有很多。在自然光和灯光下、在白天和夜晚时、在室内和阳光下，人们看到的色彩都有差异（见图5-6）。因此，色差是相对的，任何一件服装都有可能存在色差，主播不能张口就说"我们的衣服绝对没有色差"。而且，每个人对色差的理解不一样，主播觉得没有色差，但粉丝却认为有一定的色差，这种情况也很常见。

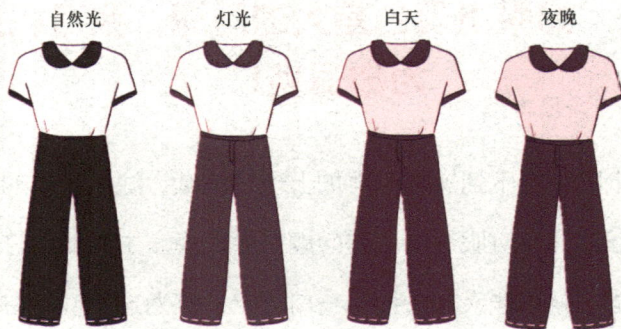

图5-6　无处不在的色差问题

主播要想消除粉丝对色差的顾虑，就要充分展现自己对产品的信心，并且做出免费退换的承诺。

实战演练

粉丝怀疑服装有色差时，主播可以这样应对。

话术1
"宝宝，我们的衣服都是用实物拍摄的，不会有很大的色差。你可以放心下单，如果你认为衣服色差很大，我们可以为你免费退换……"

话术2
"宝宝，我非常理解你的顾虑。不过，我们的服装基本没有色差，即便有色差也是非常微小的。如果收到货后，你觉得有问题，我们可以提供无条件退货服务……"

话术3

"宝宝，因为拍摄条件、屏幕显示等客观原因，大部分衣服都存在些许色差……不过，这种情况产生的色差通常不大……"

技巧点拨

技巧1：不能太武断，不能说"绝对不会有色差"

任何事情都没有绝对，主播说话时不能太武断，不能说"我们的衣服绝对没有色差"之类的话。每个人对色差的理解和感受不同，主播认为服装没有色差，但粉丝却可能认为有色差。

技巧2：不要贬低同行或者说同行的坏话

当粉丝说"我之前买的衣服色差很大"时，主播不要贬低同行，说"他们的衣服质量很不好""她开了滤镜、美颜"之类的话。这样贬低别人、抬高自己，无法赢得粉丝的好感，只会适得其反。

37 "由于显示效果、拍摄环境等因素，宝贝可能有些许色差……"

色差大是粉丝在线上买服装时最担心的问题之一。其实，即便不使用滤镜、美颜，因为手机或显示屏幕分辨率的不同、直播拍摄环境的影响，服装都会不可避免地存在一定的色差。

主播与粉丝沟通时，应该真诚地说明色差产生的原因，让他们了解造成色差的不可避免的因素，如主播间的灯光、屏幕分辨率、相机曝光不准确、粉丝查看实物的环境等（见图5-7）。

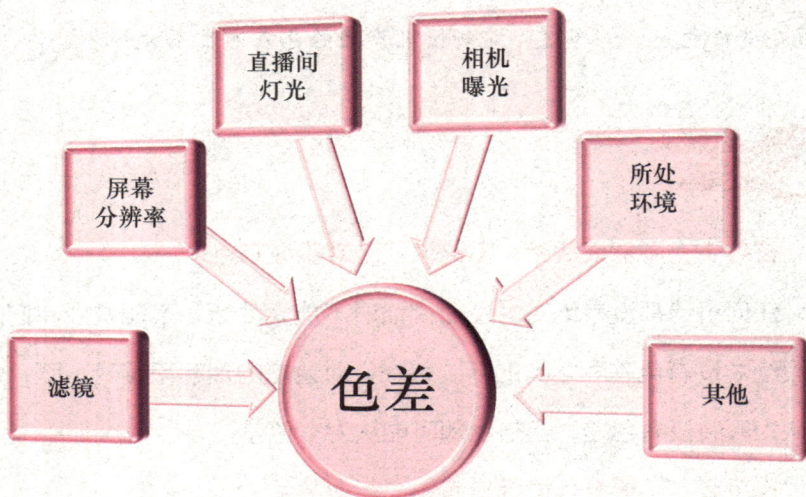

图5-7 造成色差的因素

案例回放

粉丝："这款衣服有没有色差？现在很多直播间的衣服色差非常大，我上次买了一件连衣裙，看起来颜色非常亮，可实物的颜色却非常暗！"

主播："我们的衣服根本没有色差，你不要拿别人的衣服和我们的比较。你买到质量不好的衣服，是因为你不懂……"

解析

消除异议的过程也是主播说服粉丝、赢得粉丝认同的过程。主播要谨慎地回答粉丝的问题，避免轻视粉丝，更不能使用不耐烦或嘲讽的语气。

粉丝之前买到有很大色差的衣服，自然对这个问题更关心、更在意。案例中的主播不仅没有安抚粉丝、想办法赢得其信任，反而说"不要拿别人的衣服和我们比较""你买到质量不好的衣服，是因为你不懂"这种嘲讽粉丝的话，怎么可能把衣服卖出去？

即便粉丝的认识是错误的，主播也不应该急躁，而要耐心说明产生色差的原因，消除其困惑和疑虑，让其对服装真正放心。

🖐 实战演练

当粉丝对服装色差提出质疑时，主播可以这样应对。

话术1
"宝宝，我们直播间并没有使用滤镜和美颜，都是用实物拍摄的。但是，因为拍摄环境和显示器色彩饱和度的原因，衣服可能有一些色差。不过，这种色差非常小，颜色亮度最多只会降低5%……你可以放心下单！"

话术2
"宝宝，色差是相对的。只要光线不同，衣服的色彩就会有差异。就像衣服在白天、灯光下看起来显得亮、鲜艳，在晚上、阴影下看起来显得暗淡一样。直播间的衣服和实物相比都有一定色差，但我们这个品牌的衣服颜色都非常正，肯定不会出现大问题……"

📱 技巧点拨

技巧 1：真诚、坦率地说明服装出现色差的原因

既然色差是不可避免的，主播就应该真诚、坦率地说明服装确实会存在色差，然后解释产生色差的原因。只要粉丝明白问题所在，并且感受到主播的真诚，便不会继续质疑。

技巧 2：多为粉丝着想，不要把粉丝推向对立面

主播不要觉得粉丝提出质疑就是在和自己作对，不要把粉丝推向自己的对立面。只有真正站在粉丝的角度，推荐适合他们的服装，告诉他们如何选择色差小的服装，才能真正赢得对方的信任，从而把新粉丝发展为老粉丝，增强粉丝的黏性。

38　先肯定粉丝，再强调品牌和品质

很多粉丝不信任主播是因为对主播推荐的服装品牌不信任。尤其是主播推荐新品牌或粉丝陌生的品牌时，粉丝更容易怀疑这个牌子是杂牌、贴牌。在这种心理的作用下，粉丝会产生强烈的不安全感和排斥感，迟迟不愿下单。

主播要巧妙地处理这个问题。如果是新品牌，主播应该坦率地承认，然后强调品牌的特色、品质；如果是粉丝不熟悉的品牌，主播应该详细地介绍该品牌的历史和成就（见图5-8）。

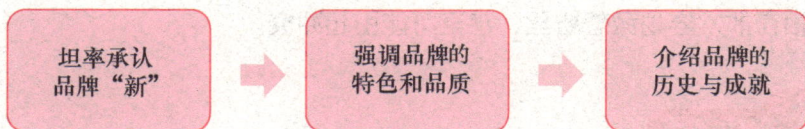

坦率承认　→　强调品牌的　→　介绍品牌的
品牌"新"　　　特色和品质　　　历史与成就

图5-8　如何向粉丝推荐新品牌

案例回放

粉丝："你们这个品牌不太有名啊，我还是考虑一下吧！"

主播："衣服好看就行了，品牌不是太重要。那些大品牌只是会打广告……"

粉丝："这件衣服款式和颜色都非常不错，可是我没听说过这个品牌，还是算了吧！"

主播："那是你不了解！这个品牌是老牌子了，现在由××代言，电视、网络上时常播放广告，难道你没听说过？"

解 析

在绝大部分粉丝心里，品牌就是质量、服务水平的象征，因此更愿意买大品牌、知名品牌的服装。粉丝因为没听说过某个品牌而对其产品不信任，也是可以理解的。

案例中的主播说"品牌不重要""衣服好看就行"，只会让粉丝更怀疑、更没有安全感。连主播都对这个品牌不信任、没热情，又怎么能说服粉丝呢？

另外，主播质问粉丝"难道你没听说过"，这种情绪化、嘲讽性的语言非常容易激怒粉丝，甚至可能引起冲突。

实战演练

当粉丝对服装的品牌提出质疑时，主播可以这样应对。

话术1
"您说的没错，这个品牌的知名度不高，但这个确实是老品牌，产品的质量和设计都是一流的。就拿这款西装来说吧，采用真丝面料，剪裁、做工都非常讲究……"

话术2
"宝宝，你没听过说这个品牌很正常，因为这个品牌很少打广告。

即便打广告，也是投放在专业杂志上。这个品牌的特色就是款式新颖、设计时尚，符合年轻人的审美……"

话术3

"宝宝，这个品牌是意大利的老牌子，两年前刚刚进入国内市场，虽然在国内的知名度不高，可在意大利很受年轻人欢迎。为了打开国内市场，品牌方提供了非常优惠的价格……"

👆 技巧点拨

技巧1：不要说品牌不重要

不管品牌知名还是不知名，不管粉丝对品牌了解还是不了解，主播都应该讲究说话的分寸，不能说出让粉丝反感的话。既然粉丝提出品牌方面的问题，就说明粉丝对品牌比较重视，主播不应该说"品牌不重要""大品牌只是会打广告"这样的话。

技巧2：突出产品的优势和价值

很多时候粉丝说"我没听说过这个品牌"，并不是在意它是不是知名品牌，而是对服装的品质不信任。此时，主播应该突出服装的优势和价值，让粉丝认识到服装的品质不错、自己是值得信任的。如此一来，粉丝自然就不会纠缠品牌的问题了。

技巧3：认同和赞美粉丝

主播要先认同粉丝，还要巧妙地赞美粉丝，如"没错，你还挺了解这个行业的"。先赢得粉丝的认同和好感，再介绍品牌的特色、优势和影响力，然后过渡到产品推介环节，粉丝慢慢地就会接受这个品牌。

39 "这款衣服看起来一点档次都没有！"

很多粉丝不太在意服装的价格和款式，却非常看重品质和档次。面对粉丝针对这些方面提出的异议，主播应该给出专业的解释，说明服装的穿着环境，并直接询问粉丝需要在什么场合穿着。得到答案后，主播可以委婉地纠正粉丝的错误认识，针对其需求提供专业的建议和推荐，争取让粉丝回心转意。

案例回放

主播："宝宝们，这款衬衣款式时尚、设计有亮点，很可能成为今年的爆款！"

粉丝："这是什么面料？看起来一点档次都没有！"

主播："这是全棉面料，怎么就不上档次了？现在很多高档的衬衣、西服都采用全棉面料，你肯定不了解……"

解析

粉丝不了解面料的种类、优势时，主播应该耐心地解释，消除粉丝的误解并让其认识到这种面料的优势。案例中的主播一两句话就把粉丝得罪了，"怎么就不上档次了"是明显的质问，而"你肯定不了解"则带有否定和嘲讽意味。粉丝受到这样的质问、嘲讽，肯定会被激怒。

粉丝不是专家，很容易因为一些误解而对产品产生不信任。此时，主播要做的是进行针对性的解释和说明，而不是逞口舌之快。

实战演练

当粉丝认为服装不够档次、品质不够好时，主播可以这样应对。

话术1

"宝宝，这款衬衫采用全棉平纹面料，这种面料是用精细高质量纱线纺织而成的，轻薄、舒适、质地天然。而且，我们这款衬衫剪裁合体贴身，能够修饰身体线条……它看起来比较低调，其实非常上档次……"

话术2

"你的顾虑我可以理解，牛仔面料平时看起来时尚、舒服，但是不适合正式场合。请问，你需要在什么场合穿？平时喜欢穿正式一些还是休闲一些？如果这款衣服不符合你的喜好，我可以推荐其他款式。"

话术3

"宝宝，这种面料看起来确实比较大众，但它的质地非常不错，而且品牌方邀请知名设计师进行创新，款式时尚、设计新潮……你看看主播上身的效果……"

技巧点拨

技巧 1：挖掘服装的优势，让粉丝改变看法

既然粉丝看重服装是否有档次，主播就应该想办法挖掘服装的特色、优势和价值，让粉丝意识到这款服装并非没档次、没品质。当粉丝认识到服装的价值时，购买的欲望就会变强。

技巧 2：询问粉丝，根据其喜好进行推荐

主播卖货并非只卖某一款、某一风格，若粉丝认定某款服装没档次，主播也不能强求，否则只会让事情变得更糟。此时，主播应该询问粉丝的需求和喜好，然后根据其需求推荐更适合的服装。

第六章

刺激促单，踢好临门一脚

促单如同足球比赛中的临门一脚，如果这一脚踢得好，粉丝就会迅速下单；可如果踢不好，主播之前的努力就很可能白费。所以，主播要掌握正确、巧妙的促单话术，让粉丝心甘情愿地快速下单。

40　"如果没问题，宝宝们赶快下单吧！"

在下单前粉丝通常会考虑或犹豫一下，即便他们对产品已经非常满意。粉丝思考的时间越长，想的东西就越多，顾虑就越多，这种情况对主播是非常不利的。

因此，当粉丝说"我再考虑一下"的时候，主播千万不要让其长时间考虑，而应该直接提出成交要求，促使粉丝迅速做出购买决定。若是任由粉丝犹豫不决，就很容易丢单。

案例回放

粉丝："主播，这款衬衣还能优惠吗？"

主播："宝宝，这已经是超低价了。你看我们的价格比其他很多平台都优惠，现在下单真的非常划算。而且，你看它的款式和花色都非常时尚……"

粉丝："没错，可是我还想再考虑一下。"

主播："好吧！你再考虑一下。"

（过了一段时间后）

主播："宝宝，你考虑得如何了？我们这款衣服真的不错！"

粉丝："还是算了吧！我想到别人家看看！"

解 析

主播要善于捕捉成交信号，当粉丝释放出"我很喜欢它""我想买它"的信号时，主播就要果断地提出成交要求，如"如果没问题，宝宝们就赶快下单吧"，这是最有效的促单方式。

案例中的主播因为促单不及时，错过了成交机会。当粉丝说"再考虑一下"时，主播直接放弃了沟通。粉丝思考的时间越长，就会越犹豫，最后果然放弃了购买。

实战演练

粉丝在下单前犹豫不决时，主播可以这样应对。

话术1

"宝宝，这款衣服非常符合你的气质，不仅可以衬托你窈窕的身材，还能让你散发一种成熟的魅力！错过了这么合适的衣服，你肯定会后悔！赶快下单吧！"

话术2

"这款衣服现在销售非常火爆，下单晚的宝宝们可能会抢不到！心动不如行动，大家赶快下单吧！"

话术3

"这款衣服的价格非常优惠，××品牌的衣服很少有这么低的价格！宝宝们不要错过这个机会哦！"

话术4

"现在下单的宝宝们有福利了！前100名可以获得超级大红包和××品牌优惠券，先到先得，多下单多得！"

技巧点拨

技巧1：适当地赞美粉丝

赞美能让人心情愉快，当然也能促使粉丝下定决心。主播可以适当地赞美粉丝，如"这款衣服又漂亮又时尚，穿上它回头率一定飙升100％！宝宝们，不要再犹豫了"等。当粉丝被主播夸得心花怒放时，就会抛弃心中所有的顾虑。

技巧2：给粉丝一些福利

如果粉丝下单前犹豫不决，主播可以适当地给粉丝一些福利，如赠品、折扣、低价等。在这些福利的刺激下，粉丝的积极性和热情会被调动起来，下单的决心会更强。

技巧3：果断提出成交要求，但不能操之过急

捕捉到粉丝的购买信号后，主播要果断地提出成交要求，迅速完成销售。但是，主播也不能操之过急，频繁地催促恐怕会适得其反（见图6-1）。

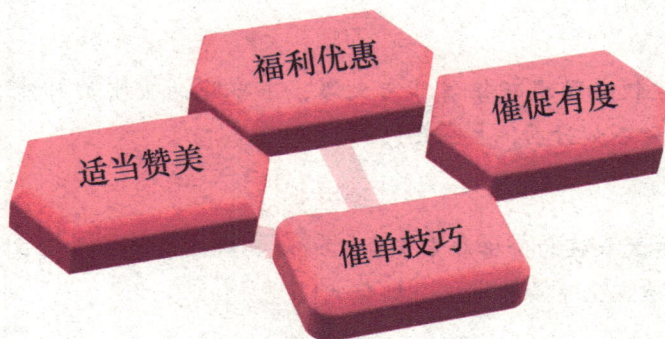

图6-1　催单技巧

41 二选一，不给粉丝否定的机会

有时粉丝说要考虑一下并不是不想买，而是还有一些顾虑，或者没考虑好选择哪一种颜色或款式。此时，主播不要真的等粉丝考虑好了再下单，而要运用合适的技巧促单。

主播可以采用二选一的促单方法：为粉丝提供两个选项，不给对方否定的机会，推动粉丝尽快做出决定（见图6-2）。例如，主播若是问"你要A还是要B"，绝大部分粉丝会二选一，而不是直接拒绝购买；主播若是问"你要不要这款衣服"，粉丝在犹豫不决的情况下，回答"不要"的概率就比较高，很可能无法成交。

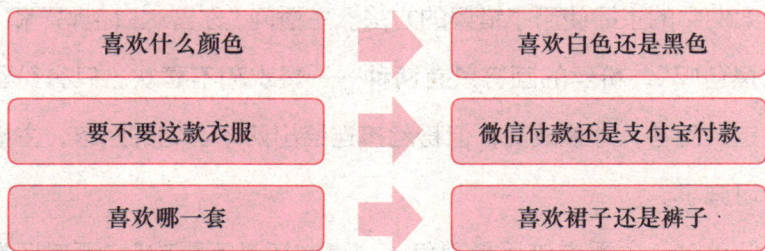

喜欢什么颜色	➡	喜欢白色还是黑色
要不要这款衣服	➡	微信付款还是支付宝付款
喜欢哪一套	➡	喜欢裙子还是裤子

图6-2 "二选一"促单话术

👆 **案例回放**

粉丝："这款服装有什么颜色？"

主播："这款服装颜色很全，白色、黑色、红色的尺码都齐全，而且每种颜色都有一定的特色，销量也很好。"

137

粉丝："我现在也不知道选什么颜色，我还是再考虑一下吧！"

主播："宝宝，你喜欢白色吗？白色款简约大方、比较百搭，喜欢的话可以马上下单。"

粉丝："白色还可以，可是比较不耐脏、不好洗……"

主播："那你喜欢黑色吗？黑色款高贵、典雅，穿上身特别显气质，而且黑色款也非常畅销……"

粉丝："可是黑色不能提亮肤色，我皮肤本来就不白，穿黑色款就更显暗淡了。"

主播："那还有其他颜色……"

解 析

案例中的主播使用了错误的方法。主播问"你喜欢白色吗"和"你喜欢黑色吗"，粉丝的回答只有两种——喜欢和不喜欢。只有粉丝给出肯定的回答，才能成交；但粉丝接连给出两个否定的回答，主播便无计可施了。

促单时，主播应该尽量避免问"喜欢还是不喜欢""下单还是不下单"这类问题，避免让粉丝说出否定的话，否则只会让成交的机会变得更渺茫。主播应该遵循二选一法则，把问题转化为"喜欢 A 还是 B"的形式，这样就能把对话引向成交的方向。

实战演练

当粉丝犹豫不决时，主播应该这样促单。

话术1

"这款羽绒服的黑色款和墨绿色款都非常畅销，你喜欢黑色还是墨绿色？主播给你查询一下库存，因为现在抢购的人太多了……"

话术2

"这件衣服白色款和黑色款都卖得非常好，你喜欢白色还是黑色？"

话术3

"现在直播已经快要结束了，宝宝们抓紧时间下单吧！在直播间下单的宝宝，直接点链接就可以付款了；选择店铺下单的宝宝，可以点击购物车进入店铺……"

技巧点拨

技巧1：避开"要还是不要"这类问题

引导粉丝成交时，主播应该避免让粉丝说出否定的话，避开"要还是不要""喜欢还是不喜欢"这类问题，应该尽量提供两种选择，不论粉丝选择哪一种，都可以成交。

技巧2：不要提供太多选择

主播可以让粉丝选择，但是应该避免提供两个以上的选择，最好是二选一。因为粉丝之所以犹豫，就是因为不知道选择哪一个，如果主播提供太多选择，粉丝就更不容易下定决心了。粉丝犹豫的时间一长，成交的概率就会大大降低。

42 紧逼一下，不让粉丝再犹豫

有的粉丝比较谨慎，喜欢货比三家；有的粉丝决断力弱，时常在成交前打退堂鼓。这些粉丝并不是不喜欢主播推荐的衣服，也不是对衣服不满意，但就是无法立即做出购买决定。这个时候，主播应该积极行动起来，适当紧逼一下，不给其犹豫、找借口的机会。

很多主播不善于"逼"粉丝，当粉丝找借口、打退堂鼓时，他们也采取消极的应对措施。例如，粉丝说"我想再看看"时，主播没有做任何促单努力，便说"那好吧，你再想想"，结果粉丝在其他平台看到更中意的衣服，成交机会就溜走了。

案例回放

主播："宝宝们，喜欢这款衣服的赶快下单吧！这款衣服性价比真的非常高，错过这次机会可能就买不到这么划算的衣服了。"

粉丝："衣服确实很划算，可是我自己拿不定主意，想征求一下朋友的意见。"

主播："好吧！那等你问完朋友的意见再过来。我们的衣服真的不错，相信你的朋友肯定也喜欢！"

解析

案例中的主播说"等你问完朋友的意见再过来"，这是一种消极的应对方式，没有为最后的成交做出努力。而结果也只有一个，那就是粉丝不再回来，无法成交。

其实，粉丝想征求朋友的意见，无非有两个原因：一是担心做错决定，买了不合适的衣服；二是以此为借口，不想立即成交。如果是前者，主播需要强调服装的高品质、稀缺性，说明买和不买的利弊，同时营造紧迫感，促使其立即做出决定；如果是后者，主播应该想办法给粉丝一些优惠，增强其成交意愿。

实战演练

粉丝在下单前犹豫不决时，主播应该积极应对，适当地紧逼一下。

话术1

粉丝："我想征求朋友的意见。"

主播："宝宝，你的想法我非常理解，不管买什么东西都不能贸然下决定，这样才不会后悔。不过，我感觉你挺喜欢这件衣服的，而且它非常适合你的肤色和身材……若是你朋友在场，肯定也会夸你的眼光好……"

"我觉得你可以征求朋友的意见。不过，这款衣服今天有特价活动，而且只有一天。现在很多宝宝都在抢着下单，我担心过一会儿就没货了！如果你真的喜欢，就应该赶快下单，晚了就来不及了！"

话术2

粉丝："我想再考虑一下，看看别家的衣服。"

主播："是的，买东西应该货比三家。不过，这款衣服真的很适合你，不论款式、颜色还是面料，都非常不错。现在下单，除了享受7折优惠，还可以参加抽奖活动，奖品包括现金红包、优惠券……"

技巧点拨

技巧1：让粉丝当场做决定

粉丝说"我考虑一下"是很正常的，这时主播千万不能退缩、消极应对，而要想办法让粉丝当场做决定。主播可以强调服装的优势和价值，强调服装非常抢手、库存很少，还可以渲染优惠力度，刺激粉丝的购买欲望，促使其当场做出决定（见图6-3）。

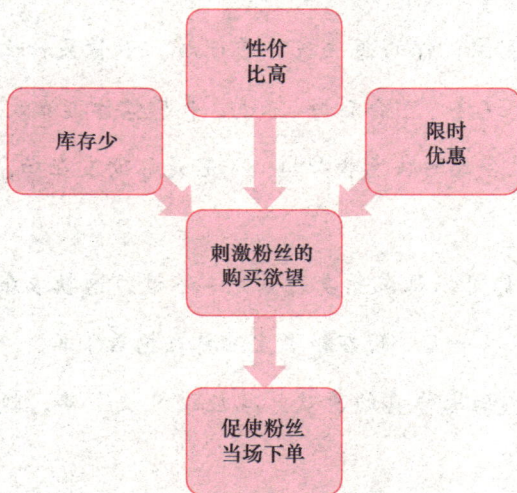

图6-3　让粉丝当场做决定

技巧2：不否定粉丝，不阻止粉丝征求他人意见

主播说话要讲究技巧，不能直接否定粉丝，不要说"不要再考虑了，这款衣服很适合你""你自己买衣服，为什么要征求他人意见呢"这类的话。这种说法容易激起粉丝的反感，对促单只能起到反作用。

技巧3：适当强硬一点

主播在促单时，态度可以适当强硬一点。主播可以说："这是能给你的最大优惠了，觉得合适就可以下单了。如果你还不满意的话，我也不能强求。"适当地表达强硬态度可以让粉丝意识到主播已经做出最大让步，使其不再犹豫。

43　"穿上这件衣服，你男朋友肯定觉得好看！"

每个人都有虚荣心，都希望听到别人的赞美。当听到别人夸自己漂亮、有气质时，内心就会产生自豪感、愉悦感，更容易快速做出购买决定。因此，主播在促单时可以多夸赞粉丝几句，尽可能赢得对方的好感和信任（见图6-4）。

图6-4　多夸赞粉丝

当然，赞美也是有技巧的。与直接赞美相比，借别人的口来赞美具有更好的效果。例如，和"你穿上这件衣服真好看"相比，"穿上这件衣服，你男朋友肯定觉得看好"更有说服力。

案例回放

粉丝："主播，这件衣服上身效果如何？"

主播："宝宝，这款衣服剪裁得体，收腰设计可以凸显女性身材的曲线美。穿上它，你会显得更高挑，你男朋友肯定觉得好看！"

解　析

人们常说"女为悦己者容"，女性粉丝购买任何一件衣服，都希望男朋友或丈夫认同和赞美自己。案例中的主播这句"你男朋友肯定觉得看好"可以说是说到点子上了，更容易讨粉丝的欢心，促使其马上下单。

实战演练

粉丝在下单前犹豫不决时，主播应该利用赞美来鼓励其尽快下单。

话术1

主播："宝宝，你为什么还不下单？是不是有什么顾虑？"

粉丝："我不知道这个款式是不是适合我。"

主播："这款衣服非常适合你，紫色显得高雅别致，肩部镂空蕾丝设计凸显性感的味道……穿上这件衣服，你男朋友肯定移不开眼睛……"

> **话术2**
>
> "这款衣服款式新、性价比高，既然你这么喜欢，就直接下单吧！你男朋友看到之后肯定夸你眼光好！"

技巧点拨

技巧1：既有正面夸奖，也有侧面赞美

恰当的赞美是促单的最佳武器之一。主播可以将正面夸奖和侧面赞美结合起来，除了夸奖粉丝本人，也可以赞美粉丝的朋友、家人，有时候这种赞美更让粉丝受用。

技巧2：不能忽视粉丝本人的看法

聪明的主播懂得利用他人的赞美来打动粉丝，但不能把焦点放在其他人身上，却忽视粉丝本人的看法和感觉，因为粉丝才是真正付钱的人。

44 "穿上它，朋友肯定羡慕你的身材！"

好胜和攀比是人性的弱点，很多粉丝尤其是女性粉丝都有攀比心理，总想比别人强、超过别人。这类粉丝争强好胜，在意别人的评价，更喜欢别人的赞美。

攀比心强的粉丝属于冲动型消费者，有了比较的对象，他们的攀比心理更容易被激发出来。因此，主播应该善于利用这种心理，让粉丝感到"穿上这件衣服，就可以胜过其他人"或"买到了限量版，朋友肯定羡慕不已"，激发粉丝的购买欲望（见图6-5）。

图6-5　好胜心与攀比心

案例回放

主播："宝宝，一看你就是走在时尚前沿的人，这款衣服是今年的新款，设计师采用创新设计，添加了当下流行的时尚元素……"

粉丝："这个款式确实挺有个性，不过我想再考虑一下。"

主播："真的不要再考虑了，这个款式今年真的非常火，你的身材这么好，穿上它肯定更漂亮。"

解　析

粉丝喜欢时尚、个性的服装，喜欢走在时尚前沿，案例中的主播抓住了这一点，强调服装的设计、流行度等卖点。主播虽然抓住了产品的卖点，但并未戳中粉丝的痛点，没有找到真正能让粉丝下定购买决心的因素。

此时，主播应该从别的角度出发，挖掘粉丝更紧迫的需求。偏爱时尚、个性服装的粉丝往往攀比心较强：若同事或朋友有一件时尚的服装，他们也一定要买一件。主播若能抓住这种心理，只需轻轻一句话便可以化解粉丝的疑虑，快速成交。

实战演练

粉丝在下单前犹豫不决时，主播应该巧妙地利用攀比心理鼓励其尽快下单。

话术1
"这款衣服非常显身材，穿着它和朋友聚会，朋友们肯定羡慕你的身材！"
话术2
"这款是××品牌的限量版，全国只有×××套。而且这是邀请知名设计师设计的，这位设计师是时尚杂志的常客，他的作品受到广泛关注和称赞。宝宝们买到这款珍贵的限量版服装，肯定能让朋友们羡慕不已。"

话术3

"宝宝，这是今年的流行款，设计前卫、时尚，很受年轻时尚美女的欢迎。刚刚已经有很多宝宝下单，大家不要错过这个好机会哦！"

技巧点拨

技巧1：巧妙赞美，满足粉丝的虚荣心和好胜心

喜欢攀比的粉丝大多有很强的虚荣心，爱出风头、爱面子，十分在意自己在别人眼中的形象。主播在遇到这类粉丝时应该多巧妙地赞美他们，满足其虚荣心和好胜心。例如，主播可以暗示粉丝"你比其他人更有品位""你穿起来比别人更好看"，点燃粉丝的购买欲望。

技巧2：适当运用激将法

有攀比心的粉丝往往更容易冲动、争强好胜。在粉丝犹豫时，主播不妨适当地运用激将法。例如，主播可以说"这么时尚的服装，难道你要错过？慢一步，就要被其他人抢走了"或"主播都可以驾驭这个款式，你更没问题！更何况你身材那么高挑、苗条"。

不过需要注意一点，运用激将法的前提是粉丝真的适合并喜欢这款服装，只是一时拿不定主意。若粉丝并不适合它，主播就不能强行推销，不能利用粉丝的冲动引导其做出错误的决定。

45 "白色是百搭色，我建议宝宝拍白色款！"

很多粉丝在做决定前会拿不定主意，一会儿觉得白色款挺不错，一会儿觉得红色款也挺亮眼，迟迟不愿下单。面对这种情况，主播若任由粉丝犹豫下去，最终很可能无法成交。

此时，主播应该采取积极的行动，给粉丝一些建议，帮助粉丝做决定。那些缺乏主见、拿不定主意的粉丝往往需要别人推他一把。当然，主播提供的建议必须是专业的、有效的，否则会让粉丝更加不知道应该如何选择（见图6-6）。

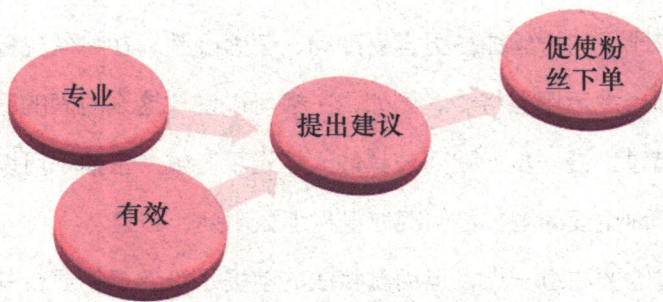

图6-6 建议式促单

案例回放

主播："宝宝，这两款衣服都是今年的新款，销售非常火爆，看中哪一套就赶快下单吧！迟了就抢不到了！"

粉丝："我觉得这两款都不错，这款白色显得大方、干练，那款的设计很有个性……"

主播："既然这两款你都喜欢，那就全买了吧！"

粉丝："可没必要一下买两件衣服啊！而且这两款的价格都不低……"

主播："那你就随便买一款，反正两款你都喜欢！"

解析

面对两款不错的服装，粉丝表示都喜欢，觉得这件很好、那件也不错，于是在两者之间左右摇摆。案例中的主播并没有给出具有建设性的意见，"既然这两款你都喜欢，那就全买了吧"这句话容易让粉丝觉得主播为了卖货而极力推销，况且这位粉丝可能并不具备同时买下两件的经济能力，这样的建议有可能导致粉丝放弃购买。

而"那你就随便买一款，反正两款你都喜欢"这句话更不恰当，本来粉丝就拿不定主意，主播还这样说，只会让粉丝更加犹豫不决。

实战演练

粉丝在下单前犹豫不决时，主播应该提供专业、有效的建议。

话术1

"我觉得白色款更适合你，就像你说的，白色款看起来大方、干练，而且白色是百搭色，很好搭配，我建议宝宝拍白色款。"

> **话术2**
>
> "是的，这两款都非常好，让人难以选择。不过，你应该考虑一下，你想在什么场合穿？如果你想要在正式场合穿，我建议选择这套紫色的，紫色显得优雅、高贵。而且，这个款式偏向于礼服，出席年会、商业聚会、派对时穿上它，一定会让你更加亮眼……"
>
> **话术3**
>
> "宝宝，我建议你选大衣，因为这款大衣是双面羊绒面料，既时尚又保暖。冬天可以搭配高领毛衣，春秋可以搭配黑白连衣裙或者打底衫和牛仔裤……"

👆 技巧点拨

技巧1：自信诚恳地给出建议

当粉丝拿不定主意时，主播应该掌握沟通的主动权，自信诚恳地推出建议，如"我建议选择……""××款真的更适合你"等。当然，在提出建议前，主播必须了解粉丝的喜好、需求，判断其内心的倾向性，然后再进行有针对性的推荐。

技巧2：不任由粉丝犹豫，也不过分催促

主播不能任由粉丝犹豫不决，把决定权全部交给对方，因为对方很可能不会在短时间内做出决定。但是，主播也不能操之过急，不宜过分催促粉丝，因为粉丝可能因为压力过大而彻底放弃购买。

技巧3：帮助而不是替粉丝做决定

主播要以自信坚定的语气为粉丝提出建议，但不能忽视粉丝的想

法和感受，更不能替粉丝做决定。主播要尽量避免说"你就听我的吧，选择白色""不要犹豫了，就选棕色这款大衣吧"这类的话，因为粉丝容易认为主播是在逼迫自己。

主播要做的是让粉丝明白自己是这方面的专家，自己提供的建议很专业，让粉丝愿意接纳自己和自己提出的建议，最终的决定仍然要由粉丝自己做出。

46　"你觉得这个款式怎样？做工、面料都非常不错！"

很多粉丝迟迟不做决定是因为过于挑剔，觉得这件有点瑕疵，那件也不算完美。这类粉丝不会轻易做出购买决定，总想着挑到最完美的服装，同时他们往往疑心重、有主见。

面对这样的粉丝，主播应该耐心了解粉丝内心的需求，端正服务态度，而不是把粉丝的挑剔、犹豫当成故意找碴儿；主播不能一味热情地推荐或轻率地为替粉丝做决定，不要试图主导粉丝的行为。

👆**案例回放**

主播："宝宝，主播推荐的这两款衣服都非常流行，不管你喜欢哪一款，都可以马上下单！"

粉丝："我想再看看，这款白色毛衣袖子有些长，感觉不利索，那一款灰色不好搭配，而且面料不太高档……"

主播:"这袖子不算长,我觉得你很适合这一款,不如就选它吧!"

粉丝:"可是它的颜色有些浅,我觉得浅色的衣服不适合冬天……"

主播:"你究竟想买什么样的衣服呢?"

解 析

挑剔的粉丝不管买什么服装都会挑来挑去、比来比去。你说颜色,他可以挑出颜色的问题;你说款式,他又可以指出款式的不足。

挑剔的粉丝非常有主见,不喜欢主播为其做决定,时常怀疑主播的推荐。面对这种粉丝,主播说"不如就选它吧",很容易引起他们的怀疑和不满。而那句"你究竟想买什么样的衣服呢"带有质问、不耐烦的意味,是主播不够专业的体现,容易引起争执。

实战演练

当粉丝因为比较挑剔而犹豫不决时,主播可以如此应对。

话术1

"是的,这款衣服的袖子可能长一些,不过它的款式和质量真的非常好,你也觉得它不错,是吧?这款衣服采用真丝面料,穿起来非常舒服。你觉得它袖子有些长,可能是不喜欢这种效果,现在很多大品牌都有这样的设计,目的是为了凸显修长的手臂……袖子稍微有些长,我觉得这只是个小问题,对吧?"

话术2

"我理解你的想法，宝宝。买衣服是应该谨慎些，挑一件自己最满意的。我感觉你说的那款灰色毛衣更适合你，它是新上架的，款式新颖、时尚，可以搭配黑色裙子和裤子，你觉得这样是不是不错？而且，这是××面料，看起来不算高档，但非常舒适、不容易变形……你觉得这个款式怎么样？"

话术3

"你喜欢哪种款式呢？我可以帮你找到更满意的。其实我的手臂比较短，所以袖子看起来有些长。你手臂比较长的话，袖子就不会显长。这款衣服能很好地修饰身材……"

技巧点拨

技巧1：转折式应对，巧妙给出建议

面对比较挑剔的粉丝，主播最好不要说"你说的不对""你太挑剔了"之类的话，而应该采用先肯定粉丝再进行转折的方式，巧妙地提出合理的建议。

挑剔型粉丝通常会怀疑主播的推荐，主播认同和肯定其想法后，粉丝就会逐渐放下戒备心，更愿意听从主播的建议。

技巧2：强调细节，用细节消除粉丝的怀疑

挑剔的粉丝更注意细节，主播要突出服装的细节卖点，巧妙地把粉丝在意的不足之处转化为优点。

技巧 3：保持耐心、热情

很多时候，粉丝做出下单的决定，并不完全是因为服装本身，还与主播的态度和服务意识有很大的关系。面对挑三拣四、犹豫不决的粉丝，主播应该端正服务态度，保持耐心和热情，不能抱怨、失去耐心，甚至对粉丝置之不理。

第七章

售后服务，提高粉丝忠诚度的利器

对直播行业来说，售后服务一直是备受争议的问题。很多主播不重视售后服务，或者无法提供良好的售后服务，因此也就无法保持粉丝的黏性和忠诚度。主播应该增强售后服务意识，争取获得粉丝的持续支持。

47 "衣服有问题，你们忽悠人！"

粉丝收到服装之后，可能会发现一些小瑕疵，如开线、纽扣掉了、有污渍等。遇到这种情况，粉丝可能会立即和主播联系，表达对产品质量的不满。主播应该在第一时间做出反应，耐心地和粉丝进行沟通，最大限度地消除其不满情绪。

主播及时做出回应，不仅可以让粉丝感到被重视，还可以让其他粉丝看到主播的诚意。主播解决问题越及时、越真诚，粉丝和潜在粉丝越满意，越愿意信任主播，销售业绩才会越好。

案例回放

粉丝："收到的衣服有问题，背部有一块污渍。新衣服怎么会有污渍，你们是不是把旧衣服发给我了？"

主播："非常抱歉，你先别着急。我们的衣服都是厂家直接发货的，不可能是旧衣服。污渍可能是工厂加工时造成的，很容易洗掉……"

粉丝："新衣服就有这一大片污渍，真是太倒霉了！我要求退货……"

主播："当然可以！宝宝，我为产品出现问题深感抱歉，我们会为你无条件调换，可以吗？这样，你先把衣服发回来，主播收到货之后补偿运费，然后再发一件新的……"

解 析

产品出现问题，粉丝表示不满和抱怨，这是非常正常的。即便是一点点瑕疵，粉丝也有充分的理由不接受，因为绝大部分人认为新产品就应该是完美的，不能出现一点点瑕疵。

此时，主播要做的是立即承认错误、真诚道歉，然后尽快为粉丝调换产品。案例中的主播所采用的处理方式非常正确，先是真诚地承认错误，然后解释产生污渍的原因，最后快速为粉丝调换了衣服。主播不仅消除了粉丝的不满情绪，还赢得了粉丝的谅解和信任。

实战演练

当粉丝发现服装有问题、向主播抱怨和投诉时，主播应该这样应对。

话术1

"非常抱歉，这个问题我们一定会负责到底。如果你想要退换货，我们马上就可以办理……不过，这个污渍很容易清洗，只要用洗涤剂轻轻揉搓一下就可以去除。新衣服上身前都需要清洗一下，不是吗？你可以清洗一下，如果洗不掉，我们立即给你退款或调换，可以吗？"

话术2

"宝宝，不要着急。我们提供7天无理由退换服务，如果产品真的有质量问题，我马上为你调换。非常感谢你的支持，我们的售后服务一定让你满意。"

话术3

"不好意思，给您带来了不便。我会立即让客服核对信息，然后为您补发一件……为了表示歉意，我们在补发的时候会为您提供一个小赠品……"

👆 **技巧点拨**

售后服务的两大要点如图 7-1 所示。

图7-1　售后服务的两大要点

技巧 1：立即真诚道歉，用诚意消除粉丝心中的不快

售后服务的核心是及时解决问题，但服务态度也是非常重要的。主播要将心比心，展现最大的诚意，化解粉丝心中的不快。主播可以说"不好意思，我为产品出现的问题深感抱歉"或"实在抱歉，给您带来了麻烦"等。

技巧2：承诺立即解决问题，让粉丝安心

千万不要找借口和理由，即便主播说的理由是客观存在的，粉丝也会认为主播是在推卸责任。最好的处理办法是先承诺立即解决问题，然后询问具体情况，最后选择退款或调换。

处理售后问题时千万不能拖拖拉拉，1分钟内处理完和30分钟内处理完，效果是截然不同的。只有立即行动起来，才能让粉丝放心，消除不良影响。

48　衣服质量差，粉丝给出差评时这样处理

质量问题无疑是粉丝最关心、最在意的问题之一。粉丝收到衣服后发现质量很差，肯定会愤怒地投诉，甚至给出差评。此时，主播一定要勇敢地认错，然后立即解决问题。

主播要询问粉丝是否愿意退换货，然后该退就退，该换就换，尽最大努力获得粉丝的谅解。为了避免有质量问题的产品造成更大的不良影响，主播还可以主动联系粉丝召回产品，为粉丝提供更好的产品，为自己树立负责任的形象，同时挽回品牌的形象（见图7-2）。

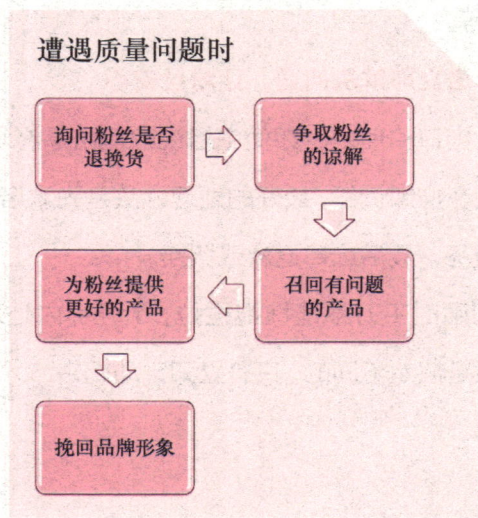

遭遇质量问题时

询问粉丝是否退换货 ⇒ 争取粉丝的谅解

为粉丝提供更好的产品 ⇐ 召回有问题的产品

挽回品牌形象

图7-2　如何处理产品质量问题

案例回放

粉丝："这款衣服质量有问题，拉链是坏的，拉起来不顺畅，而且还容易裂开！"

主播："不会吧！我们这款衣服卖出去几百套，从来没出现这个问题。是不是操作不当引起的？"

粉丝："什么意思？你们衣服质量有问题，难道还怪我？"

主播："我不是这个意思。这款衣服的拉链质量非常好，你是不是用劲拉扯⋯⋯"

粉丝："你这是推卸责任！我再也不会在你们这里买衣服！"

解　析

案例中的主播没有售后服务意识，更没有主动解决问题的自觉性。即便是大品牌也不能保证每一件衣服都是完美的，绝对不出现任何问题。主播的连番否定把责任推给了粉丝，很容易激怒粉丝并完全失去粉丝的信任。

实战演练

当粉丝抱怨服装质量有问题时，主播应该这样应对。

话术1

"宝宝，先不要着急，慢慢说。这件衣服的拉链出现了什么问题？……好，我已经了解具体情况了，请放心，只要衣服有质量问题，我们一定无条件为你退换……你想要调换还是退货……"

话术2

"非常抱歉，您反映这个问题其他粉丝也反映过，我们已经重视起来了。我们正在和厂家联系，今天一定会给一个让您满意的答复……"

话术3

"宝宝，拉链拉起来不顺畅可能是因为缺少润滑，或许库房比较干燥……不如您涂抹一些油或者唇膏试试，看看能不能解决问题。当然，如果您想要调换，我们会无条件为您调换……"

技巧点拨

技巧1：先倾听，并询问具体情况

当粉丝发出抱怨和投诉时，主播一定要先倾听，让粉丝感受到主播对他们的尊重。随意打断粉丝的抱怨，粉丝就会产生对抗情绪，不利于解决问题。

倾听之后，主播要询问具体情况，请粉丝说明具体的经过和现象。只有搞清楚问题出现哪里，主播才能为粉丝提供恰当的解决方案。

技巧2：如果有问题，立即退换；如果是误会，巧妙地解释

如果服装质量真的有问题，主播必须重视起来，真诚地向粉丝道歉，然后立即办理退换货手续。如有必要，主播还应该给粉丝一定的补偿，如优惠券、红包等，弥补粉丝的损失。

如果最后发现是误会，如洗涤不当造成毛衣起球等，主播应该耐心地向粉丝解释原因，明确说明服装是没有质量问题的，最后告诉粉丝正确的处理方式。

49 "刚下单没几天就降价，主播骗人！"

服装时常因为种种原因打折、降价，如换季、情人节打折、"双十一"等。粉丝可能会遇到刚下单没几天服装就降价的情况，此时粉丝肯定觉得自己吃亏了，甚至觉得自己被主播欺骗了，进而对主播产生不满，给出差评。

此时，主播应该表示理解，明确告诉粉丝降价、打折的原因，然后想办法让其得到心理上的平衡。

案例回放

粉丝："主播，这件衣服我刚买几天就降价了，你们这不是忽悠人嘛！"

主播："衣服降价是很正常的，因为我们这几天正在为'双十一'预热……"

粉丝："你们要退我差价，否则我就要求退货！"

主播："这件衣服是没有任何质量问题的，我们不可能给你退货，也不可能给你退差价……你明知道每年'双十一'前后所有产品都会打折，却非要着急买……"

粉丝："你的意思是怪我自己笨吗？你们就是骗人……"

解析

刚买完就降价，粉丝自然会产生吃亏上当的感觉，他们心有不甘、发发牢骚也是很正常的。如果主播诚实地告知粉丝降价的原因，然后耐心地进行沟通，大部分粉丝也不会过于计较。

案例中的主播说话过于生硬，没有安抚粉丝的情绪，甚至把责任推到粉丝身上，引起了不必要的争执，主播将永远地失去这位粉丝。

实战演练

当粉丝抱怨服装降价快并向主播投诉时，主播应该这样应对。

话术1

"对于这个问题，我们感到非常抱歉。你买这款衣服时它刚刚上市，全网都是原价出售。这款衣服实在太受欢迎了，很快就卖断了码，所以价格也就降下来了！"

话术2

"宝宝，降价是因为情人节活动，现在全网都在打折促销，主播这里也是如此。不过，这也是我们的工作失误，没能提前告知您这段时间会有活动……为了补偿，我可以提供一张情人节活动优惠券，您看可以吗？"

话术3

"我可以理解您的心情，您是刚上新时购买的，价格自然贵一些，可您也比其他人更早穿上这款衣服啊！您看这款衣服多时尚，相信您穿着它出去时一定吸引了很多人的目光吧！"

技巧点拨

技巧1：不被情绪影响，多一点耐心

有些主播容易被粉丝的情绪影响，粉丝抱怨几句，他们就和粉丝针锋相对。一来二去，矛盾反而激化了，事情越闹越僵。主播处理售后问题时要保持耐心，不被粉丝的情绪影响，心平气和地与粉丝沟通。情绪处理好了，问题也就很快解决了。

技巧2：强调服装的优点，使粉丝得到心理上的平衡

主播应该避免与粉丝争论自己是否骗人、能否退差价等问题，而应该有技巧地突出服装的优点和价值，让粉丝意识到早买享受到了很多好处。当粉丝认识到自己提早获得了别人没有的好处时，自然就不会觉得花了冤枉钱，也不会心理不平衡了。

50　发货不及时，积极道歉和解释

　　直播卖货可不是主播坐在镜头前面说说话这么简单，它涉及很多方面的工作（见图7-3），其中包括物流。物流过程虽然不是在直播现场发生的，但在很大程度上会对粉丝的黏性和忠诚度产生重要的影响。如果不能按照事先约定的时间发货，粉丝的消费体验就会变差，从而对主播产生不满甚至给出差评。

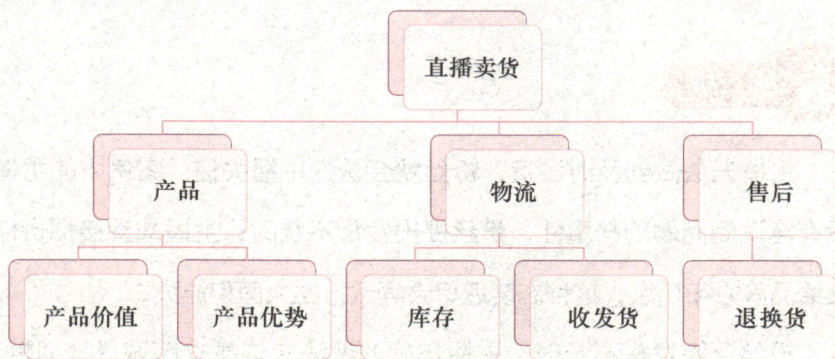

```
                        直播卖货
        ┌───────────────┼───────────────┐
       产品             物流             售后
    ┌────┴────┐      ┌───┴───┐           │
 产品价值  产品优势   库存   收发货      退换货
```

图7-3　直播卖货涉及的多方面工作

　　事实上，很多主播都会犯同样的错误，他们认为把产品卖出去就算大功告成了，根本不在意产品的库存、发货、收货、售后服务等一系列问题。等到粉丝抱怨为什么延迟发货、不发货，投诉接踵而至时再来处理问题，恐怕就太晚了。

案例回放

粉丝："主播，你们的物流太差劲了，承诺 48 小时发货，可我已经下单一周了，到今天还没有发货，这究竟是怎么回事？"

主播："不好意思，发货由品牌方和厂家那边负责，可能有什么原因耽误了，你再等等吧！"

粉丝："你这是什么意思？你只负责卖货不负责发货，是吗？"

主播："不好意思，我们这边真的没办法，只能为你催一催厂家……"

粉丝："你这是推卸责任，我以后再也不会在你的直播间买衣服了！"

解　析

主播无法做到及时发货，粉丝就会认为主播失信。案例中的主播没有意识到问题的严重性，粉丝提出发货不及时，主播却直接把责任推给品牌方和厂家，这种态度迟早会导致粉丝大面积流失。

粉丝反馈发货不及时，主播正确的做法应该是立即诚恳地道歉，并且解释发货不及时的原因，然后提出解决方案。主播只有先消除粉丝的不满情绪，才能消除不良影响，挽回粉丝的心。

实战演练

当粉丝抱怨发货不及时、对物流给出差评时，主播应该这样应对。

话术1

"非常抱歉，让宝宝们久等了，我在这里向大家真诚地道歉。这款衣服销售非常火爆，当晚卖出×××套，瞬间爆仓。这是出乎主播和品牌方意料的，真的非常感谢大家的厚爱！目前品牌方正在连夜赶制，他们会以尽可能快的速度为大家发货……"

话术2

"非常抱歉，未能在 48 小时内发货，真的对不起大家了！因为下单的人太多了，厂家那边的物流有些紧张。不过，目前厂家正在紧张有序地发货，相信 3 天内所有产品都会发货。为了表示歉意，主播将用实际行动给予大家补偿……未发货的粉丝可以获得一张店铺优惠券，价值 100 元……"

话术3

"非常抱歉，这款衣服是由厂家直接发货的，主播也不能掌控。我们的客服已经和厂家联系，他们承诺在 24 小时内全部发货……为了表示歉意，我为大家额外提供一张 8 折优惠券。希望大家看到我的诚意之后继续支持我……"

🔆 技巧点拨

技巧 1：在任何情况下都不能推卸责任

主播虽然掌控不了物流，但也不能随意地推卸责任，更不能说"我管不了""不是我的问题"之类的话。主播首先要真诚地道歉，给出合理的解释，争取得到粉丝的谅解。

技巧 2：用福利消除粉丝的不满情绪

虽然很多粉丝并不是为了获得福利，但如果主播能提供一定的福利，就能部分消除粉丝的不满情绪，让他们感受到主播的歉意和诚意，获得心理上的平衡。

51　发错货，及时核对信息

除了发货不及时，主播还可能遇到发错货的情况：粉丝明明买的是 M 码，厂家却发了 L 码；粉丝明明拍了白色款，厂家却发了黄色款。遇到这种情况，主播如果处理不好，就很可能收到粉丝的差评。

当粉丝投诉发错货时，主播应该先真诚地表示歉意，然后核对下单信息，积极地为粉丝调换正确的产品，尽最大努力争取粉丝的谅解（见图 7-4）。

1	2	3	4
• 向粉丝表达歉意	• 核对下单信息	• 调换产品	• 争取粉丝的谅解

图 7-4　发错货时的处理方法

案例回放

案例 1

粉丝："主播，为什么给我发黄色款，我明明拍的是白色款。"

主播：“啊，厂家发错货了。不过，黄色款也很好看，我觉得你没必要调换……”

粉丝：“什么叫没必要换，你们太不负责任了！我要投诉你们！”

主播：“只是发错货而已，没必要投诉啊！我给你调换不就行了！”

案例 2

粉丝：“主播，你们发错货了，我明明拍了 M 码，却收到了 L 码。”

主播：“不好意思，可能厂家那边搞错了。你需要调换吗？L 码大不了多少，应该也能穿，要不你试试？”

解　析

不管具体的发货人是谁，发错货肯定是工作失误，主播应该及时认错、表示歉意，然后积极地为粉丝调换。如果主播态度敷衍、找借口推卸责任，那么粉丝投诉或者发起退货也就难以避免了。

案例中的主播面对粉丝的抱怨，不仅没有立即道歉并解决问题，反而说“没必要调换”“应该也能穿”这样的话，结果必然是粉丝的不满升级，事情越来越糟。

实战演练

当粉丝抱怨发错货时，主播应该这样应对。

话术1
"非常抱歉，我们的工作失误给您造成了不便。我们的客服会立即核对信息，然后按照顺序补发，请按照以下步骤进行退货……"
话术2
"非常抱歉，我们的订单太多了，工作人员因为疏忽才发错了货。在这里我向您真诚地道歉，同时也感谢您对我的支持。您可以把衣服发过来，我们收到后马上补发，并为您报销运费……为了表示歉意，主播为您准备了一个红包……"

技巧点拨

技巧：为失误真诚地道歉

俗话说"伸手不打笑脸人"，发错货并不是什么无法解决的严重问题，只要主播真诚地为自己团队的工作失误道歉，大部分粉丝便不会过于计较。主播要耐心地与粉丝沟通，直到顺利解决问题。

52 产品无任何问题，但粉丝坚持要求退货

面对退货要求，主播首先要做的是稳定粉丝的情绪，问出退货的真正原因，然后再想办法帮助粉丝解决问题。如果粉丝的态度非常强硬，主播不能表现出不满情绪，也不能指责粉丝无理取闹，而要主动退一步，为其办理退货（见图7-5）。

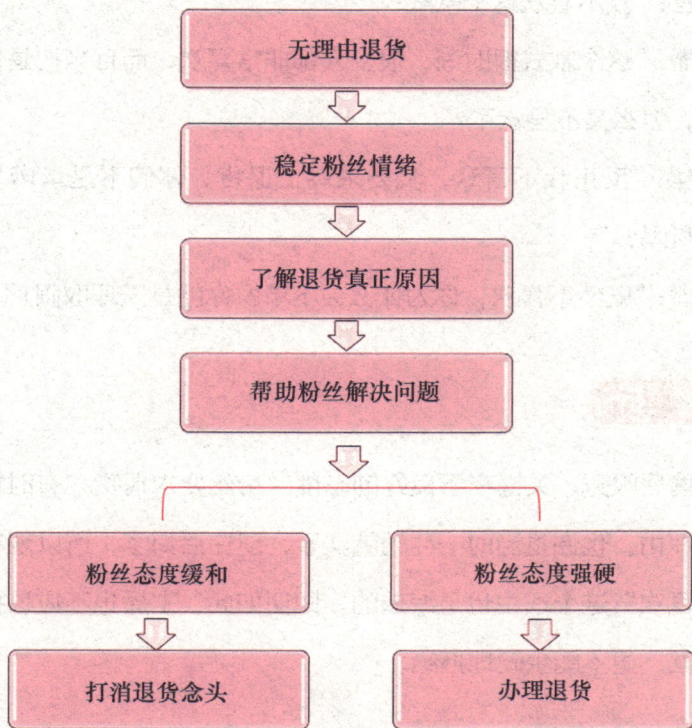

无理由退货

⬇

稳定粉丝情绪

⬇

了解退货真正原因

⬇

帮助粉丝解决问题

⬇

| 粉丝态度缓和 | 粉丝态度强硬 |

⬇ ⬇

| 打消退货念头 | 办理退货 |

图7-5 无理由退货的处理流程

有些粉丝因为一时冲动而下单，可刚收到衣服就后悔了。此时，他们会随便找一个理由，或者不给出任何理由，然后就坚持要求退货。这样的粉丝情绪往往是激动的、急躁的，他们给不出真实的理由，只是一再强调自己的诉求。

案例回放

粉丝："我几天前购买了这款裙子，现在要求退货！"

主播："请问衣服有什么问题？您有什么不满意的地方？"

粉丝："我不喜欢这个款式……"

主播："这个款式很时尚，很多人都非常喜欢，而且当初是你自己看好的，怎么又不喜欢了？"

粉丝："反正我不喜欢，我要求马上退货。你们不是承诺7天无理由退货吗？"

主播："既然不喜欢，你为什么会下单？你就是无理取闹！"

解析

做售后服务，关键在于良好的态度。粉丝要求退货，有时根本没有任何理由，也许是当时一冲动就买了，现在后悔了，所以现在给出的"不喜欢"这个理由也是编造的。即便如此，主播也不应该抱怨或指责粉丝，更不能生硬地拒绝。

📒 实战演练

当服装没有任何问题，粉丝却要求退货时，主播应该这样应对。

话术1
"请问这件衣服的质量有什么问题吗？……这个款式很时尚，而且是××代言的，现在几乎已经卖断码了……幸亏你当初下手快才抢到合适的尺码……现在退货的话，恐怕再也没有机会抢到了！"

话术2
"宝宝，你先不要着急，请问你对这件衣服有什么不满意的地方吗？……我们承诺7天无理由退换货，如果你真的不喜欢，我可以为你推荐几款新上市的衣服，你看这几款……"

话术3
"你说的对，我们不可能买自己不喜欢的衣服，那么请问你不喜欢它哪个方面呢？……其实这款衣服的质量非常不错，面料是真丝的，剪裁也非常精致……如果你真的想要退换，在不影响二次销售的情况下，我可以立即为你办理……"

📒 技巧点拨

技巧1：强调服装的价值，让粉丝改变想法

主播应该巧妙地强调服装的价值及其给粉丝带来的好处，如"这款衣服非常抢手，很多人想买都没买到，你真是赚到了""这款衣服采用纯羊毛面料，保暖性非常好，而且性价比非常高。现在退货的话，

恐怕就买不到这么好的衣服了"。当粉丝认识到服装的价值时，就可能会改变想法，不再坚持要求退货了。

技巧 2：转移话题，尽量用换货代替退货

如果粉丝觉得衣服不适合，或者觉得价格太贵，主播可以巧妙地转移话题，根据其需求推荐几个新款，尽量用换货来代替退货。如果粉丝的态度始终很坚决，主播就要按照承诺为其办理退货。

53 粉丝吹毛求疵，多次要求换货

粉丝会以各种各样的理由要求退换货，有的理由是正当的，有的理由则有些牵强。例如，有的粉丝追求完美，收到产品后会仔细检查，即便发现一根线头、一个袖扣松了也会要求换货，甚至会多次要求换货。

粉丝多次要求换货，不仅会给客服人员带来不必要的麻烦，还可能会影响主播的声誉，让其他粉丝以为主播推荐的服装质量有问题，进而影响直播间的销量。因此，主播应该掌握应对换货要求的技巧和方法，尽可能消除不良影响。

👆**案例回放**

粉丝："这款衣服有很多线头，我要求退货！"

主播："其实，服装有线头是正常的，只要剪一下就可以了。"

粉丝："不行，新衣服哪能有这么多条线头？这说明做工不

精细……"

（过了几天）

粉丝："这款衣服还是有问题，袖扣掉了一颗，再给我调换一下吧！"

主播："这是小问题，没必要换货……"

粉丝："怎么是小问题？你们的衣服本来就有问题，难道还不允许调换吗？"

主播："你已经调换两三次了，总是换来换去，我们还怎么做生意？"

解　析

粉丝三番五次要求退换产品，确实会让主播头疼不已。尤其是粉丝提出的退货理由非常牵强时，主播内心自然会产生不快。但是，案例中的主播采用的应对方法不对，"没必要换货""总是换来换去，我们还怎么做生意"这些话会激化矛盾，无助于解决问题。

面对粉丝多次要求退货的情况，主播应该主动承担责任，让粉丝明白自己会尽量帮助他选择更完美的衣服。同时，主播还要耐心地解释，让粉丝认识到衣服的质量是没问题的。

实战演练

当粉丝三番五次因为一点小瑕疵要求退货时，主播应该这样应对。

话术1

"非常抱歉，给您添了很多麻烦，在这里我真诚地向您道歉！谁都想买到完美的、毫无瑕疵的产品，为了让您满意，我们的工作人员会精心为您挑选一件……不过，说实话，衣服都是针线缝制的，有线头是正常的现象，您说对吗？这些线头在衣服内衬上，并不影响其美观性，只要剪掉就可以了……"

话术2

"不好意思，可能是工作人员的失误导致袖扣掉了一颗。虽然这是小问题，但我们会和厂家进行沟通，确保不会再犯类似的错误。您看，我们平时穿衣服，也可能因为不小心把袖扣弄掉……您自己缝一下可以吗？来回调换太浪费时间了……为了表示歉意，我准备了一个红包……"

话术3

"不好意思，我们的衣服不太完美，无法让您完全满意。如果您真的不满意，我们会无条件退款……"

技巧点拨

技巧1：主动承担责任，给出合理的解决方案

即便粉丝有些吹毛求疵，主播也应该站在粉丝的角度思考问题。一方面，主播要主动把责任承担下来，对粉丝说"对不起，这是我们的责任"或"非常抱歉，给您添麻烦了"，粉丝看到主播的诚意之后，自然就不会无理取闹了。另一方面，主播应该给出合理的解释，告诉

粉丝"这只是小瑕疵，并不是质量问题"，然后再提出合理的建议。

技巧 2：该退步就退步，避免无休止的调换

如果主播不能巧妙地解决问题，粉丝或许会无休止地换来换去，这对主播来说是非常不利的，因为这不仅会带来额外的工作量，还会影响主播的声誉。为了避免无休止的调换，主播可以酌情退步，例如，直接为粉丝退款，或者发红包、优惠券进行补偿。

第八章

直播雷区，
千万不要踩到

直播卖货是一种新兴的销售模式，正因为如此，很多新人主播会不经意踩到雷区，如频繁催促粉丝下单、在粉丝面前口无遮拦、话术单一等。

54 过度的热情会吓跑粉丝

热情是主播必备的特质。热情的主播不仅可以迅速拉近自己与粉丝之间的距离，还可以促使粉丝尽快做出购买决定。主播与粉丝素未谋面，甚至没有进行过交流，主播只有热情地与粉丝互动、介绍服装的特色，才能赢得粉丝的好感和信任。

但是，过度的热情也要不得，它会让粉丝产生怀疑和戒备心理，甚至让粉丝觉得主播太急功近利。

案例回放

粉丝："主播，可以看看那款粉色外套吗？"

主播："宝宝，这款粉色外套版型非常好，你看看，它采用了收腰设计……面料也非常不错……你的眼光真的不错……"

粉丝："嗯，我觉得还可以，不过我想再看看……"

主播："宝宝，这款外套真的非常畅销，主播为你详细介绍一下……今天你买不买没关系，我主要是想交你这个朋友……"

粉丝："好的，我了解了。"

主播："宝宝，你身高、体重多少，主播为你推荐一个尺码。这是我们新到的款式，要是下单晚了，就可能抢不到了……"

此时，粉丝被主播的过度热情吓到，退出了直播间。

解　析

粉丝刚进入直播间时，肯定会因为对主播和产品不熟悉而持观望态度。此时，主播应该适度地与粉丝互动，想办法赢得其信任，然后了解其需求、喜好，进行有针对性的推荐。待粉丝对某款衣服表现出兴趣后，主播就可以热情地为其介绍产品的优势和价值。

案例中的主播表现得过于热情，不仅滔滔不绝地介绍产品，甚至过早地提出成交要求。这会给粉丝造成一种心理压力，粉丝可能会认为主播急于推销的服装并不好卖。

实战演练

与粉丝进行沟通或者向粉丝推荐服装时，主播应该保持适度的热情。

话术1

"宝宝，你的眼光真不错，这款衣服是今年的新款，非常畅销。它采用了'X'形设计，能很自然地突出肩部、腰部线条。喜欢的话，主播给你推荐一个颜色！"

话术2

"宝宝，这款衣服是我们刚到的新品，面料精致，款式时尚……你想继续了解的话，主播可以试穿一下，让你感受一下上身的效果！"

话术3
"好的，宝宝，欢迎你来到我的直播间，我代表大家对你表示热烈欢迎。今天我会重点推荐几款春季新品，你可以再了解一下……直播期间，我会定时发送红包和优惠券哦！"

技巧点拨

技巧1：不急于推销

无论和新粉丝互动，还是和老粉丝沟通，主播都不能过度热情，更不能喋喋不休。主播应该给粉丝适当的空间，待时机成熟再了解其需求和喜好，为其推荐合适的产品。

技巧2：不要展现太强的目的性

与粉丝沟通时，主播不能展现出太强的目的性，也不应该把"你喜欢什么款式的衣服""你再多了解一下这款衣服"这种话挂在嘴边，给粉丝太大的压力只会把他们赶跑。

55 "一再催促下单，你只想卖货给我！"

在即将成交的关键时刻，主播应该提出下单要求，运用一些话术制造紧张氛围，促使粉丝尽快下单。否则，粉丝就会持续观望，最后还可能放弃购买。

催单是必要的，但这并不意味着主播要反复、频繁地催单。催单是一把双刃剑，催得有技巧，成交量就会大幅度提高；催得不好，就很容易引起粉丝的反感，在最后关头失去订单。

催单时，主播要讲究技巧，既可以直接将优惠、福利作为噱头，也可以制造紧张氛围（见图8-1），但不能一味重复"赶快下单"之类的话，语气也不能太急躁。

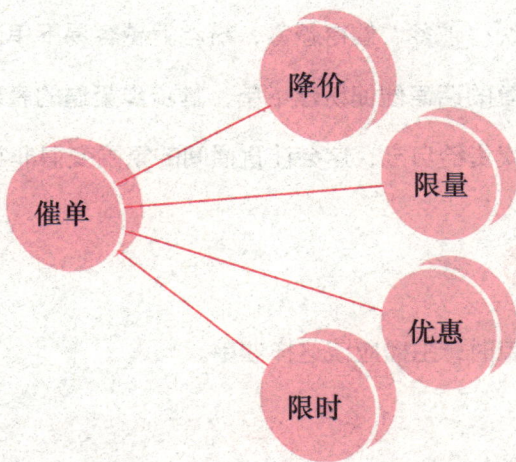

图8-1 催单技巧

案例回放

主播："宝宝们，今天介绍的这几款衣服都非常不错，喜欢哪一款可以直接下单！主播已经上链接了……"

粉丝："嗯，我想再看看……"

主播："现在离直播结束还有 10 分钟，大家赶紧下单吧！真的，我们的衣服真的非常好，今天不下单，肯定会后悔的！"

（两分钟后）

主播："我们的衣服比其他店铺便宜，这个超低价格是可遇不可求的。宝宝们，赶快下单吧！赶快下单吧！不要错过这个好机会！"

解析

越接近结束时间，有些主播内心越焦急，越容易不断催促粉丝下单。他们认为说得越多、催得越紧，粉丝就越容易下单。案例中的主播用急促而重复的话语催促粉丝下单，其步步紧逼的表现会让粉丝认为主播只是想卖货给自己，这会让直播间的氛围变得非常尴尬。

实战演练

直播快结束时，主播应该这样催单。

话术1
"我已经把链接发出来了，喜欢的人可以直接下单了！这款衣服实在太抢手了，现在只剩下10套！只剩下10套！再不马上行动，可能就抢不到了！"
话术2
"宝宝们，今天主播送超值大优惠，所有服装买一送一！机会难得，大家千万不要错过啊！只限今天！"
话术3
"前10名下单送红包！一犹豫就会错失大好机会，大家可要抓紧时间下单了！"

技巧点拨

技巧1：选择合适的催单时间和催单对象

并不是所有时间都可以催单，并不是所有粉丝都要催促。最合适的催单时间是直播快结束时，千万不要在直播前期、中期就反复催单；不要催促新粉丝，也不要催促已经下过单的粉丝。

技巧2：语气热情，不卑不亢

催单时，主播应该注意说话的语气，尽量做到热情、不卑不亢。主播说话时不能用生硬、急躁的语气，否则会引起粉丝反感；也不能把姿态放得太低，否则像在央求粉丝。

56 "×××的数据都是假的！他的人气没我高！"

直播行业的竞争是非常激烈的，每天、每小时都有成千上万名主播在直播，同一类型的主播也有很多。有些粉丝会拿你的直播风格、服装和竞争对手对比，他们可能会说"你觉得 ××× 怎么样"或"×× 也卖这个品牌，销量比你高许多"。

这个时候，主播应该谨慎地回应，千万不能在粉丝面前公开批评和指责其他主播。公开"踩"其他主播，不仅不会给你带来好处，还可能让粉丝对你的人品、素养产生怀疑。

案例回放

粉丝："主播，你觉得 ××× 怎么样？"

主播："我不太了解，但我知道她的人气没我高！"

粉丝："可是，××× 也卖相同品牌的衣服，销量比你高许多啊！"

主播："这不可能！她的人气还没我高，怎么可能销售量比我高！现在很多主播都会做假数据，说不定她的数据都是假的！宝宝们，我推荐的产品更好，我从来不会在数据上造假……"

解析

当粉丝把主播和竞争对手相提并论时，主播要做出巧妙的回应，提升粉丝对主播的好感度和信任度。主播应该尽量公平公正地做出评价，既要突出自己的优势，又要解释自己与竞争对手的差异，但一定要拒绝"引战"（见图8-2）。

案例中的主播应对不当，说了一堆抬高自己、贬低甚至诋毁竞争对手的话，这会让大部分粉丝感到厌恶。

图8-2 拒绝"引战"

实战演练

当粉丝询问其他主播及其推荐的产品时，主播应该这样应对。

话术1
"××的风格挺有特色的，不过具体情况我也不是很了解。我们各有各的风格和优势，宝宝们关注我就说明喜欢我的风格，对不对？我一定会继续努力，不会让宝宝们失望的！"

话术2

"是的，××亲和力强、销量很高，可我也很棒啊，对不对？这个品牌的衣服非常不错，款式好、质量优，而且由明星代言，所以销量非常好。我与品牌方合作的时间要稍晚一些，所以销量暂时落后一些。但品牌方正是看中了我的能力，所以才主动和我合作……"

话术3

"宝宝，你挺有眼光的，××也非常不错，有很多值得我学习的地方。我们推荐的产品风格、款式有所不同，我们服装的特色是……我认为这个风格的服装很适合你，你可以根据自己的需求来选择……"

技巧点拨

技巧1：赞美竞争对手，赢得粉丝的好感

并不是竞争对手的差评越多，我们的好评就越多。适当地赞美竞争对手会让粉丝觉得你很大度，有利于赢得粉丝的好感和信任。当竞争对手确实很有实力，在某个方面确实有优势时，主播应该公正地做出评价。

技巧2：客观评价竞争对手，突出个人优势

主播要尊重竞争对手，尽量做出客观的评价，如"××的风格很独特""××能力很强"。同时，主播要重点突出个人优势，展示自

己的实力。

避不开这类话题时，主播要尽量把竞争对手的优势一语带过，然后重点介绍自己和服装，详细说明服装的特点和卖点。毕竟直播的目的是卖货，而不是评价其他主播。

57　"其他直播间的假货非常多，我们这里都是正品！"

有些主播会"踩"其他主播，说其他主播的坏话，目的是抬高自己、让粉丝更信任自己。极少数主播还会"带节奏"，煽动自己的粉丝到其他主播的直播间捣乱。这种做法毫无职业道德，也无法提升主播的人气。

👆 案例回放

主播："宝宝们，我推荐的这个品牌非常不错，质量和款式都非常好，保证是正品……现在很多主播为了赚钱推荐假货、杂牌，这就是欺骗粉丝的行为……"

粉丝："真的吗？"

主播："我从来不说假话，其他直播间的假货非常多，而且时常为了推销服装而哗众取宠……"

🔴 解　析

想要吸引更多的粉丝本来无可厚非，毕竟只有吸引更多的粉丝，才能不断提升销量。然而，当着粉丝的面公开贬低甚至诋毁其他主播是完全错误的，也无法实现吸引更多粉丝的目的。直播间是一个公共平台，主播要对自己的言行负责，散布不实消息不仅会给自己和直播平台带来不必要的麻烦，严重的甚至会引发法律纠纷。

案例中的主播这样说话有百害而无一利。主播千万要把握好说话的尺度，即便粉丝对其他主播有偏见，也要正确地引导他们。

🔴 实战演练

当粉丝提及其他主播时，主播应该巧妙地回应。

话术1
"不好意思，我对××并不了解。在直播间里，我们可以聊天，但是最好不要谈及其他主播，可以吗？"

话术2
"是的，××非常不错，她拥有独特的个人风格，亲和力强、善于沟通，这些都是值得我学习的地方。不过，我的优点也有很多啊，风趣幽默、热情大方……"

🔴 技巧点拨

技巧 1：尽量不提及其他主播

直播时，主播应该尽量避免提及其他主播，只要做好自己的工作就可以了。即便粉丝询问关于其他主播的问题，主播也应该给出客观公正的回答，向别的主播表示尊重。如果粉丝批评或指责其他主播，主播应该及时制止并巧妙地引开话题。

技巧2：幽默地自夸一番，展示自己的优势

粉丝要求主播评价其他主播，其实也给了主播一个展现自我的机会。主播可以幽默地自夸一番，把自己的优点和产品的优势展现出来，然后巧妙地把话题引向本场直播的主题。

58 "有个别粉丝只抢红包不下单!"

有些主播太急功近利,粉丝下单付款,他们就热情无比;粉丝只看不下单,他们就抱怨连连,甚至公开指责"有个别粉丝只抢红包,从来不下单"。有些主播太势利,只和下单的粉丝互动,从来不搭理不下单的粉丝。这种情况多发生在新手主播身上,因为业绩不理想,他们更迫切地希望粉丝快下单、多下单。

案例回放

主播:"我真的非常失望,有些粉丝真的太过分了!"

粉丝:"主播不要生气! 发生什么事情了?"

主播:"我每天都热情地与大家互动,时不时发红包,可有个别粉丝只看直播,从来不刷礼物,也不下单! 刷礼物、下单时看不到他们,但抢红包时他们的行动可迅速了!"

主播:"有的粉丝,一件衣服问好几遍,我每次都耐心回答,可最后他却不买了。真是太气人了!"

解析

是否下单是粉丝的权利。粉丝不下单的原因主要有两种,一是主播没有吸引力，没能激起粉丝的购买欲；二是主播推荐的服装不适合粉丝。要想让粉丝改变主意，主播就应该在自己身上找原因，而不是抱怨、嘲笑粉丝。

案例中的主播毫不留情地讽刺粉丝，势力、尖酸、毫无职业道德，这种表现只会断送其直播生涯。

👆实战演练

当直播间里的粉丝不活跃、不下单时，主播应该这样应对。

<table>
<tr><td align="center">话术1</td></tr>
<tr><td>"宝宝们，首先感谢大家来到我的直播间。我是新人，经验还不足，请大家多多包涵，也请大家多提意见，我一定努力改进！对于今天这款衣服，宝宝们还有什么想要咨询的吗？"</td></tr>
<tr><td align="center">话术2</td></tr>
<tr><td>"有些粉丝好像不太活跃，请问大家对主播有什么看法吗？欢迎大家多提意见，这对于我非常有帮助！……大家关注我这么长时间，说明大家对我还是认可的，下不下单没关系，我们在这里相识就算是朋友……"</td></tr>
</table>

👆技巧点拨

技巧：适当地自我检讨

粉丝活跃度不高、不下单，很可能是因为主播的吸引力不足、卖货能力有待提升。主播应该先在自己身上找原因，向粉丝承认自己的不足，然后不断提升自己的能力。粉丝看到主播愿意诚恳地自我检讨，也愿意通过努力取得进步，就会对主播产生好感和信任，主播的能力和业绩自然会提升。

59　"主播高高在上，看不起小粉丝！"

不管是新人主播还是当红主播，都要接地气、保持亲和力，尊重和爱护每一位粉丝。粉丝是直播成功的基石（见图8-3），没有粉丝的支持，主播和直播间就成了无水之鱼。

图8-3　粉丝是直播成功的基石

有些主播拥有庞大的粉丝群体，每场直播的销售额高达几十万元甚至几百万元，于是便开始飘飘然，看不起粉丝。粉丝刷的礼物少、下单数额小，主播便对他们爱答不理。这种做法会让粉丝心寒，这样的主播最终一定会被粉丝抛弃。

案例回放

主播："非常感谢这位粉丝为主播刷了一份大礼！"

粉丝："主播看到大礼物才打招呼，真是太过分了！难道看不起我们这些小粉丝吗？"

主播："有的粉丝真小气，很少看见他们下单，即便下单也是买一些便宜货！如果图便宜，可以到那些小主播的直播间，我这里都是大品牌……不愿意花钱，还想要变漂亮，哪有这样的好事！"

粉丝："没有粉丝的支持，你能这么火吗？又靠着粉丝支持，又看不起粉丝……"

解 析

主播与粉丝之间是平等的，主播不能因为自己有了知名度就摆出高高在上的姿态。事实上，像李佳琦、薇娅这些知名主播都是非常接地气、非常有亲和力的，他们会耐心地回答每一位粉丝的问题，让每一位粉丝感受到尊重。正因为如此，他们才越来越受欢迎，卖货能力也越来越强。

案例中的这位主播素养极低，就算卖货能力再强，也迟早会失去粉丝的支持。

实战演练

直播时，主播应该保持谦和、热情的态度，千万不能看不起粉丝。

话术1
"宝宝们，非常感谢大家来到我的直播间，不管是新粉丝还是老粉丝，都是我的朋友，主播有今天的成绩离不开大家的喜爱和支持……"
话术2
"感谢大家的支持和陪伴……今天我为每一位粉丝准备了红包，先到先得哦！那些平时不活跃的粉丝可要行动起来啊！"
话术3
"××宝宝，看你的介绍，你是××市的吧？我有一位好朋友，她和你在同一个城市，她特别有趣，听说那里的人都比较有趣……"

技巧点拨

技巧：在任何情况下都不要和粉丝吵架

主播不能嘲弄和指责粉丝，不能说让粉丝不舒服的话。即便粉丝说了一些不恰当的话，主播也不能公开与粉丝吵架，而应该拿出真诚的态度好好与粉丝沟通。

60 总是用一个开场白，没有新鲜话题

好的开始是成功的一半，这个道理也适用于直播。说好开场白，主播就可以一下子抓住粉丝的心，让粉丝留下来。但是，有些主播的开场白太单一，新粉丝认为挺有趣，老粉丝早就看腻了。例如，有些主播开场时总是讲段子、做游戏，可段子说来说去就那几个，游戏模式也很单一，没有任何新意，老粉丝早就麻木了。

主播应该积极尝试不同的开场白，给粉丝更多的新鲜感。

案例回放

主播："宝宝们，欢迎来到我的直播间。我刚看见几位新粉丝进来了，××和××，欢迎你们！直播前，我们做一个小游戏吧……"

新粉丝："主播很会活跃气氛，挺有意思的……"

老粉丝："唉，又是这一套东西，我都猜到是哪几个游戏了，不是成语接龙就是猜字谜……"

主播："下面我们来玩成语接龙，我说一个成语，如'坐井观天'，大家说出以'天'开头的成语，依次接下去，看谁接得又快又准确……"

（新粉丝的兴趣被调动起来，跃跃欲试。）

老粉丝："看，我猜对啦！主播没有一点新意，真是无聊极了……"

（随后，不少老粉丝退出了直播间。）

解 析

对主播来说，开场白可以是幽默的、有趣的，也可以是生动的、直白的。但对粉丝来说，开场白应该是新颖的。现在直播行业竞争如此激烈，每一位主播都在花尽心思争夺粉丝，若开场白一成不变，无法给粉丝新鲜感，粉丝很可能就会大量流失。

案例中的主播所使用的开场白太单一了，老粉丝一下子就猜到了接下来的套路，对游戏感到厌倦。一段时间之后，新粉丝也可能会失去兴趣，不再愿意关注这位主播。

实战演练

主播应该学会说好开场白，为每一场直播打一个好的基础。

话术1

"宝宝们，我们又在直播间见面了，大家有没有想念我？大家不说话，我就当成你们都在想念我了！今天我想做一个调查：在生活中，你遇到过什么样的'直男式审美'？"

话术2

"宝宝们，今天主播分享一个趣事，是关于我身边的工作人员的。这位工作人员是一位美女……大家身边有没有类似的趣事，不妨分享一下吧！"

技巧点拨

技巧1：用提问式开场白激发粉丝的积极性

提问式开场白可以吸引粉丝的注意，引起粉丝的思考和讨论。如果你提出的问题具有普遍性，那么效果会更好。主播也可以向粉丝征集他们最关心的问题，在下一场直播中讨论这些问题。

技巧2：用聊天式开场白拉近与粉丝的距离

主播也可以用聊天的方式来开场（见图8-4），说一些看似无关紧要的闲话，如自己的日常生活、热门新闻、有趣的小故事等。这些话题容易拉近主播与粉丝之间的距离，让粉丝觉得主播很接地气。

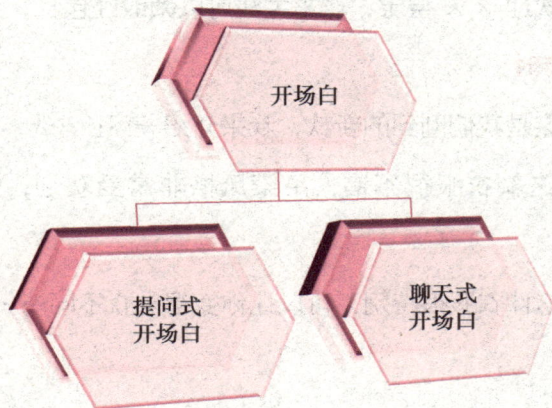

图8-4 直播开场白

61 话术单一，总是重复那几句话

有些主播不懂得变通，总是重复那几句话，如"欢迎××宝宝进入直播间""宝宝们，赶紧关注主播吧""这是我们的新款，喜欢的宝宝们快点下单吧""×× 号宝贝很漂亮，颜色是今年的流行色"等。

没有人喜欢千篇一律的内容，这种简单的话术也无法激起粉丝的购买欲望。主播学习、运用话术时不能直接套用已有的模板，而要在此基础上做一些优化和改进，并融入自己的风格。

案例回放

直播时，有些主播经常使用类似的话术。

欢迎新人时

主播："欢迎 ×× 宝宝进入直播间，点关注，不迷路。"

主播："欢迎 ×× 宝宝，点击关注可以领取红包！"

介绍服装时

主播："这是我们刚到的新款，我来介绍一下……"

主播："这款衣服很不错，吊染风格非常受欢迎，大家可以看一下……"

主播："这件衣服很特别，可以让你变得与众不同……"

促单时

主播："这款衣服实在太实惠了，宝宝们赶紧买它、买它！"

主播："喜欢的宝宝们，赶快下单了！"

主播："特价优惠，现在买超级划算。不买就后悔了！"

解 析

案例中的主播所使用的话术太单一、机械化，没有什么特色，很难激发粉丝的积极性。"刚到的新款""现在买超级划算"这些话，每天都有无数主播在说，粉丝早已经听腻了。主播平时要多向其他主播取经，多下功夫琢磨，经常更新话术，保证每一场直播都能带给粉丝新鲜感。

实战演练

直播时，主播应该尽量避免使用单一、机械化的话术。

话术1（欢迎新人时）
"宝宝们，早上好。老粉丝如约而至，新粉丝姗姗而来……很高兴认识你，××宝宝……"
话术2（介绍服装时）
"宝宝们，这款长裙是今年夏季的新款，采用了吊染风格、垂坠质感的面料，上身效果非常好，可以充满展现女性的曲线美……"
话术3（促单时）
"宝宝，你的眼光真好，这款衣服的性价比超高，在这个价位的服装中这个品牌拥有很大的优势，设计时尚、做工精细……这款衣服的品质堪比大品牌，可价格却非常亲民……"

技巧点拨

技巧：避免简单套用他人话术，尽量突出个人风格

同样的话从不同的人嘴里说出来，效果自然也有所不同。话术是死的，但人是活的。主播可以借鉴别人的话术，但不能只是简单地重复。

李佳琦的"买它、买它"火遍全网，可是这个简单的话术与李佳琦的个人风格紧密地联系在一起。其他主播不管这个话术符不符合自己的风格，直接拿来就用，恐怕会变成东施效颦，效果不见得好。